Andrea Christiansen

DER ELTERN-GUIDE BEI LERNSTÖRUNGEN

Was deinem Kind hilft,
wenn das Lesen, Rechnen oder Schreiben
schwerfällt

humboldt

INHALT

Vorwort 4

Entwickelt sich mein Kind normal? 6

Sprachentwicklung: Das sollte dein Kind können 7
Mathe: Das sollte dein Kind können 12
Häufige Elternfragen zur Entwicklung 14
So erkennst du eine Lernstörung frühzeitig 21

So lernt dein Kind 27

Lernen braucht Sinnesreize 27
Ganzheitlich lernen – was bedeutet das? 33
Frühkindliche Reflexe und Lernen 51

LRS oder Legasthenie – ist das nicht das Gleiche? 63

Das versteht man unter einer LRS 64
Das bedeutet Legasthenie 66

Wie Profis eine Lernstörung feststellen 71

Die multiaxiale Diagnostik 72
Frühzeitige Förderung stärkt das Selbstwertgefühl 78
So stellen Profis eine Rechenschwäche fest 84

So kannst du deinem Kind bei LRS helfen 88

Wie du Leseschwäche erkennen kannst 90
Es klappt nicht mit dem Lesen 90
Die Automatisierung des Lesens 94
Es klappt nicht mit der Rechtschreibung 98
Diese Übungsregeln helfen deinem Kind 100
Förderung am Computer 120
Lerntherapie mit sinnvollem Material 123
Lernstörungen im Lesen und Schreiben vorbeugen 130

Typische Fehler im Schulalltag ... 134
Richtig zu Hause Deutsch üben ... 141
Schon vor der Schule die Weichen stellen ... 143
Pro und Kontra Ganztagsbetreuung ... 150

So kannst du deinem Kind bei Rechenschwäche helfen **153**

Mathematisches Denken verstehen ... 154
Wie du eine Rechenschwäche erkennen kannst ... 158
So findest du die richtige Therapie bei Dyskalkulie ... 160
So beugst du einer Rechenschwäche vor ... 169
Typische Fehler im Matheunterricht ... 172
Rechenschwach ab Klasse 3 – wie ist das möglich? ... 179
Richtig zu Hause Mathe üben ... 182
Vorbeugung einer Rechenschwäche in der Kita ... 199

Wenn dein Kind dem Lernen aus dem Weg geht **200**

Nimm dein Kind an die Hand ... 201
Neue Motivation durch den Zauberkreis ... 201
Allgemeine Lerntipps für dein Kind ... 204

AD(H)S und Lernstörungen **206**

Was genau ist AD(H)S? ... 207
Was tun bei AD(H)S? ... 212

Ein Wort zum Schluss **215**

Anhang **216**

Die Kosten der Förderung ... 216
Wichtige Adressen ... 217
Lesetipps ... 219
Quellen ... 220

VORWORT

Liebe Leserin, lieber Leser,

du stehst vielleicht vor einer Herausforderung, die euer tägliches Familienleben und besonders das Lernen deines Kindes betrifft. Es ist nicht leicht, zu beobachten, wie dein Sohn oder deine Tochter mit den Anforderungen des Schulalltags kämpft und scheinbar nicht die gleiche Freude am Lernen empfindet wie seine bzw. ihre Altersgenossen. Doch du stehst nicht allein in dieser Situation.

Dieses Buch ist für dich, da du dir Sorgen um die Lernentwicklung deines Kindes machst. Es ist für Eltern, die spüren, dass ihr Kind Potenzial hat, aber dennoch mit Hürden beim Lesen, Schreiben oder Rechnen zu kämpfen scheint. In den kommenden Kapiteln gehen wir gemeinsam auf eine Reise durch die Welt der Lernstörungen.

Du wirst die häufigsten Herausforderungen kennenlernen, vor die Kinder und ihre Familien gestellt werden, und dabei auch etwas über die individuellen Bedürfnisse deines Kindes für eine erfolgreiche Schullaufbahn erfahren. Jedes Kind ist einzigartig: Wir schauen uns an, wie du die spezifischen Lernbarrieren überwinden kannst, die deinem Kind begegnen.

Dieses Buch bietet dir nicht nur Informationen zu Lernstörungen und ihren Ursachen. Es möchte dich umfassend beraten und vor allem Unterstützung und praktische Ratschläge anbieten. Ich möchte dir Werkzeuge an die Hand geben, um die Lernreise deines Kindes zu erleichtern und seine Potenziale zu entfalten. Denn jedes Kind verdient die Chance, die Welt der Buchstaben und Zahlen mit Freude zu entdecken und Spaß am Lernen zu entwickeln.

Ich spreche zu dir aus eigener Erfahrung: Auch ich war einmal in deiner Lage. Mein Sohn tat sich furchtbar schwer in der Schule. Die Lehrer waren ratlos. Förderung gab es keine.

Ich begann damals, mich intensiv mit dem Thema Lernstörungen zu beschäftigen und meinen Sohn im Rahmen meiner Möglichkeiten selbst zu fördern. Ich absolvierte ein Fernstudium und mehrere Fortbildungen. Seit 2008 arbeite ich als Lerntherapeutin mit Kindern, die die Lust am Lernen verloren haben, weil sie von einer Lernstörung betroffen sind. Ich freue mich immer sehr, wenn diese Kinder erkennen, dass sie nicht dumm sind und ganz besondere Talente haben.

Mit meinem Buch möchte ich dir Mut machen. Wenn die Ursachen der Lernstörungen aufgedeckt werden, kann mit sinnvollen Strategien sehr viel verbessert werden. Dabei geht es nicht um stundenlanges Üben. Kurze Einheiten von zehn Minuten, einmal täglich, machen Spaß und sind viel erfolgreicher.

Bleib als Elternteil optimistisch und stärkend. Vermittle deinem Kind bedingungslose Liebe und sorge dafür, dass ihr viel gemeinsam lachen könnt. So bleibt euer Vertrauensverhältnis stark und ihr meistert die Herausforderungen der Grundschule als stabile Einheit.

Andrea Christen

ENTWICKELT SICH MEIN KIND NORMAL?

Diese Frage stellen sich viele Eltern auch schon, bevor ihr Kind in die Schule kommt. Beim Vergleich mit anderen Kindern wirst du sicher festgestellt haben, dass alle sich unterschiedlich entwickeln. Doch ab wann ist das problematisch?

Während einige Kinder sich schon recht früh für die Symbole der Buchstaben und Zahlen interessieren, sind andere noch verspielt und träumen vor sich hin. Die Bausteine, Autos und andere Spielsachen sind viel anziehender. Das ist auch völlig in Ordnung.

Die Schuleingangsuntersuchung soll normalerweise klären, ob die Entwicklung deines Kindes den richtigen Lauf genommen hat und dein Kind bereit ist für die Einschulung. Falls du dir bei deinem Kind nicht ganz sicher bist, möchte ich dir in diesem Kapitel einen Überblick über die wichtigsten Entwicklungsschritte im Hinblick auf die Einschulung geben.

So viel schon jetzt: Um später in der Schule erfolgreich zu sein, ist es wichtig, dass dein Kind eine gute Sprachentwicklung durchlaufen hat. Darum ist es von Bedeutung, dass Eltern viel mit ihren Kindern sprechen und ihre Handlungen sprachlich kommentieren.

Sprachentwicklung: Das sollte dein Kind können

Die folgenden Listen geben dir einen Überblick über die durchschnittliche Entwicklung, die Kinder in den entsprechenden Altersstufen durchlaufen haben. Das alles ist nicht in Stein gemeißelt. Viele Kompetenzen entwickeln sich noch im Laufe der nächsten Monate und Jahre. Doch sollte dein Kind über die meisten der angegebenen Fähigkeiten und Kompetenzen im erwähnten Alter verfügen.

Sprachentwicklung bis 3 Jahre

Gerade die ersten drei Lebensjahre prägen die Sprachentwicklung deines Kindes und damit seine späteren Fähigkeiten im Umgang mit Sprache in der Schule.

- Mit etwa 6 Monaten: Silben lallen und Satzgrenzen erkennen, dein Kind achtet auf rhythmische Merkmale wie Pausen und Betonungen. Es erkennt wiederholt genutzte Laute und ordnet ihnen Bedeutung zu.
- Ab etwa 8 Monaten: Wortgrenzen identifizieren und einzelne Phoneme zu bedeutungstragenden Worten zusammensetzen. Erst jetzt kann dein Kind Worte lernen. Phoneme sind Wortbausteine, die einem Wort seine Bedeutung geben.
- Mit etwa 10 Monaten: Passiver Wortschatz von ca. 60 Wörtern. Dein Kind versteht Wörter, kann sie aber noch nicht aussprechen.
- Ab dem 1. Lebensjahr: Dein Kind beginnt, erste Wörter zu produzieren, die sogenannte Ein-Wort-Phase. Das ist der Zeitpunkt, zu dem Kinder auch beginnen, die Zusammenhänge einzelner Wörter richtig zu deuten.
- Mit etwa 1½ Jahren: Kinder beginnen, die Syntax, also einfach ausgedrückt die Grammatik ihrer Muttersprache zu verstehen. Sie haben einen aktiven Wortschatz von 30 bis 60 Wörtern. Dabei handelt es sich um einfache Nomen, Verben und Adjektive.

- Ab dem 2. Lebensjahr: Der Wortschatz nimmt rasant zu und Kinder bilden die ersten Zwei-Wort-Sätze.
- Mit dem 3. Lebensjahr: Kinder lernen zunehmend, vollständige Sätze zu bilden, zur Verfügung steht ihnen dabei ein Wortschatz von etwa 1.000 Wörtern.

Sprache und Wahrnehmung mit 5 bis 6 Jahren

Vor dem Schulbeginn stellen sich viele Eltern die Frage, welche Fähigkeiten ihr Kind haben sollte. Einige Kinder können bereits mühelos bis zehn zählen, kennen das gesamte Alphabet, schreiben die Namen aller Familienmitglieder und lesen einfache Worte. Wichtig ist: Diese Fertigkeiten müssen Kinder nicht vor der Einschulung erlernt haben, sie sind nicht der Standard.

Jedes Kind entwickelt sich in seinem eigenen Tempo. Im Folgenden findest du eine Liste von Fähigkeiten und Kompetenzen, die in der Regel von einem 5- bis 6-jährigen Kind beherrscht werden. Falls dies bei deinem Kind nicht der Fall ist, könnte eine spezielle Förderung erforderlich sein. In einem solchen Fall solltest du mit dem Kinderarzt oder der Kinderärztin sprechen.

Optische Wahrnehmung

Dein Kind ...

- sortiert 3 Oberbegriffe, z. B. Autos in eine Schachtel, Figuren in eine andere.
- setzt 10 Formen richtig in Lochvorlagen ein.
- erkennt Unterschiede in Bildern (Fehlerbild-Spiel).
- kann Bilder beschreiben.
- unterscheidet einzelne Buchstaben (etwa 5 bis 8).
- kennt die Zahlen bis 5.

Feinmotorik

Dein Kind ...

- steckt 10 Perlen in eine Flasche.
- kann mit der Schere an Linien entlang schneiden.

- fädelt eine Stopfnadel ein.
- kann je Bein 5 Sekunden balancieren.
- kann einige Schritte rückwärtsgehen.
- kann 2 Hüpfer auf einem Bein.
- kann über das Sitzen am Boden gerade aufstehen.
- kann eine „Hasenohr-Schleife" binden (zwei Schlaufen werden geknotet).

Sprache

Dein Kind ...

- benennt 3 Farben, dazu Schwarz und Weiß.
- spricht 4 Zahlen in der richtigen Reihenfolge nach (z. B. 6, 3, 7, 2).
- spricht 5-Wort-Sätze (z. B. „Mama bringt Oma schöne Blumen").
- kann einfache Beschreibungen und Erklärungen abgeben.

Akustische Wahrnehmung und Wortverständnis

Dein Kind ...

- versteht die Bedeutung von schief–gerade, rau–glatt, flüssig–fest.
- zeigt 3 genannte Berufe auf Bildern.
- hört Sinnwidriges heraus (z. B. „Der blaue Apfel ist endlich reif").
- kann Töne unterscheiden (kleine Tonleiter).

Raumwahrnehmung

Dein Kind ...

- kann am eigenen Körper rechts und links zeigen.
- kennt oben, unten, vorne, hinten.
- kann mit geschlossenen Augen einige Schritte geradeaus gehen.

Sozialkontakt

Dein Kind ...

- spielt gern Elternrollen.
- achtet auf sein Eigentum.
- zeigt Wetteifer im Spiel.
- vermittelt im Streit zwischen Kindern.

Test zur Sprachentwicklung deines Kindes

Mit diesen Fragen kannst du überprüfen, wie gut die sprachlichen Kompetenzen deines Kindes sind. Jede richtige Antwort gibt einen Punkt. Die Aufgaben kannst du deinem Kind vorlesen. Bitte gib ihm keine Hilfestellung. Der Test soll nur eine grobe Einschätzung geben.

Was ist richtig?

- O Ich gebe Paul einen Ball.
- O Ich gebe Paul ein Ball.
- O Ich gebe Paul eine Ball.
- O Ich gebe Paul Ball.

Was ist richtig?

- O Der Bus fährt.
- O Den Bus fährt.
- O Die Bus fährt.
- O Das Bus fährt.

Wie lautet die Mehrzahl?

ein Löffel:

- O viele Löffels
- O viele Löffeln
- O viele Löfflers
- O viele Löffel

ein Ball:

- O viele Balls
- O viele Ballen
- O viele Balle
- O viele Bälle

Was ist das Gegenteil?

dunkel:

- O schnell
- O weich
- O groß
- O hell

hungrig:

- O durstig
- O müde
- O satt
- O lecker

Welches Wort gehört nicht in den Satz?

Wenn dein Kind lesen kann, lass es bitte eigenständig lesend antworten.

- O Ich kann meine Stiefel laut selbst anziehen.
- O Die Katze müde sitzt auf dem Baum.
- O Meine Oma backt Mehl leckere Kekse.
- O In der Schule gehen liebe ich die Pause.

Auswertung

Insgesamt können 10 Punkte erreicht werden.
Anzahl der richtig beantworteten Fragen/Punkte: ______

<5 Punkte	= sehr unsichere Sprachkompetenz
5 bis 6 Punkte	= unsichere Sprachkompetenz
7 Punkte	= mittlere Sprachkompetenz
8 bis 10 Punkte	= sichere Sprachkompetenz

Sprachfähigkeit richtig fördern

Damit dein Kind in der Schule erfolgreich ist, sollte seine Sprachkompetenz schon früh gefördert werden. Dazu zählt nicht nur, dass du regelmäßig und viel mit deinem Kind sprichst. Die Art und Weise dieser Kommunikation ist ausschlaggebend.

Ich sehe viele Mütter, die den Kinderwagen oder Buggy schieben und dabei auf ihr Handy sehen. Das Kind sitzt häufig mit Blick nach vorn und kann das Gesicht der Mutter nicht sehen. Es hört zwar ihre Stimme, doch das allein reicht nicht aus.

Katharina Menn und ihr Team vom Max Planck-Institut für Kognitions- und Neurowissenschaften in Leipzig haben die Sprachwahrnehmung, Lautspeicherung und Lautdifferenzierung von Babys untersucht. Dazu wurden Hirnströme gemessen und ausgewertet.

Da das Gehirn des Babys langsam arbeitet, um Zeit zu haben, seine Umwelt zu erfassen und zu ordnen, wird eine schnelle Sprache mit kurzen Lauten später gespeichert als eine langsame Sprache mit stimmhaften Lauten. Einmal gespeichert, werden Laute auch wiedererkannt.

Während der ersten 6 Monate sieht das Baby dabei dem Sprechenden in die Augen. Danach schaut es auf den Mund, wie an der Florida Atlantik University festgestellt wurde. Der Grund: Das Baby schaut sich an den Lippen ab, wie die Laute geformt werden, die es hört. Das erklärt auch, warum Babys gerne die Lippen der Eltern mit ihren

Fingern abtasten, wenn diese sie auf dem Arm tragen, während sie sprechen. Mit einem Jahr beginnen die Kinder wieder, die Augen der sprechenden Person zu begutachten, um ihre Stimmung zu erfassen.

Diese Studien zeigen, wie wichtig es ist, dass du mit deinem Kind von Angesicht zu Angesicht sprichst. Der Satz „Sieh mich bitte an, wenn ich mit dir spreche“ dient also nicht nur dazu, die Aufmerksamkeit deines Kindes zu bekommen. Dein Kind kann nur dadurch, dass es dich beim Sprechen hört und gleichzeitig deine Lippenbewegungen sowie Mimik deuten lernt, seine Sprachkompetenzen entwickeln und festigen.

Ist dies in der Vorschulzeit versäumt worden, ist später eventuell der Besuch einer logopädischen Praxis notwendig, um Sprachunsicherheiten und Sprechfehler zu beheben.

Mathe: Das sollte dein Kind können

Wenn dein Kind zur Schule kommt, ist es kein unbeschriebenes Blatt. Es hat in den ersten 6 Jahren seines Lebens schon vielfältige Erfahrungen gemacht und Eindrücke gesammelt. Wenn alles gut gelaufen ist, dann hat es ein Verständnis für Mengen und kann zum Beispiel mehr von weniger, groß von klein und hinten von vorne unterscheiden.

Entwicklung des mathematischen Denkens

Heutzutage wird Mathematik den Kindern häufig mit dem Wort „Rechnen“ erklärt, wobei das Benennen der Zahlen und das Zählen oft als die wichtigsten Grundfertigkeiten betrachtet werden. Dabei wird jedoch häufig übersehen, dass die Grundlagen für mathematisches Denken und Handeln vielseitiger sind:

- **Vorstellen:** Bildlich erinnern oder bildlich konstruieren
- **Abstrahieren:** Aus dem inneren Bild Schlussfolgerungen ziehen

- **Kodieren:** Das Bild in mathematische Sprache umsetzen
- **Orientieren:** Wissen, wo man steht und wohin es geht
- **Gedächtnisleistung:** Merken, erinnern, benutzen

Diese Grundlagen werden bei der Einschulung und mit Beginn des Matheunterrichts vorausgesetzt, sind jedoch bei vielen Kindern im Alter von 6 bzw. 7 Jahren noch nicht vollständig entwickelt. Sie entfalten sich im Laufe der ersten etwa 9 Jahre im Leben deines Kindes.

Ich möchte nochmal betonen, dass jedes Kind einzigartig ist und sich entsprechend individuell entwickelt. Dennoch dürfen Probleme in Mathematik nicht einfach mit dem Satz „Das wächst sich noch aus“ abgetan werden. Je früher dein Kind in seiner Entwicklung gezielt unterstützt wird, desto besser sind seine Chancen, erfolgreich am Matheunterricht teilzunehmen und dabei Freude zu empfinden.

Wenn du den Eindruck hast, dass dein Kind Schwierigkeiten mit dem Rechnen hat, immer mit den Fingern zählt und die Menge 5 nicht spontan aus einer Gruppe von Gegenständen greifen kann, dann empfehle ich dir, die Kapitel zu den Rechenstörungen ab Seite 153 genau anzusehen.

Mathematische Entwicklung bis 5 Jahre

- Ab etwa 2½ Jahren lernt dein Kind, Farben und ebene Formen zu benennen und spielerisch zu ordnen. Es lernt innen und außen zu unterscheiden.
- Ab 3 Jahren erweitern sich die Kombinationen aus Formen und Farben bei deinem Kind und es lernt, bei Gewichten leichter und schwerer zu unterscheiden sowie die Dimensionen oben und unten.
- Ab 3½ Jahren kann dein Kind Zahlen bis 5 und Würfelbilder bis 5 zuordnen sowie räumliche Figuren (z. B. Kugel, eckige Körper in die richtigen Löcher stecken). Auch lernt es, Mengen zu unterscheiden (mehr als/weniger als).

- Ab 4 Jahren erkennt dein Kind Höhen und Längen sowie Zuordnungen wie vorne/hinten, rechts/links oder vorher/nachher. Außerdem lernt es, Jahreszeiten aufzuzählen. Bis 5 Jahre und damit schon vor Schuleintritt können Kinder in der Regel zählen. „Fünf" kann jedoch ganz Unterschiedliches bedeuten. Es kann sich um eine Menge „Fünf" handeln, um eine Strecke auf dem Zahlenstrahl, z. B. die Strecke zwischen 3 und 8, es kann aber auch eine Ordnungszahl, „der Fünfte", sein. Dies ist den Kindern noch nicht bewusst.

Mathematisches Können mit 6 Jahren

Mit 6 Jahren kann ein Kind häufig bis ungefähr 20 zählen und erkennt die Zahlenbilder bis 10. In der Regel kann es auch Mengen in ungefähr gleich viel einteilen.

Wenn du also 20 Erbsen auf den Tisch legst, ist dein Kind in der Lage, diese in 2 Gruppen à 10 Erbsen aufzuteilen. Häufig versteht es auch schon einfache Rechnungen wie zum Beispiel $4+1=5$ oder $3-1=2$.

Dein Kind fängt in diesem Alter auch an, rechts und links zu unterscheiden. Es kennt die Wochentage und die Jahreszeiten. In seine Spiele kann sich dein Kind nun richtig gut vertiefen und sich für ungefähr eine halbe Stunde konzentrieren. Es versteht, dass es Geldscheine und Münzen mit unterschiedlichen Werten gibt. Oft kann es die Werte der Münzen anhand der Zahlen darauf unterscheiden.

Häufige Elternfragen zur Entwicklung

Die Entwicklung unserer Kinder wirft immer wieder Fragen auf, besonders in einer Gesellschaft, die bereits bei sehr kleinen Kindern einen starken Fokus auf Leistung legt. Es ist normal, dass wir Kinder im gleichen Alter miteinander vergleichen. Dennoch dürfen wir nie vergessen, dass jeder Mensch eine einzigartige Persönlichkeit ist. Trotz des Versuchs unserer Gesellschaft, alles und jeden in eine Norm zu pressen, ist jedes Kind sozusagen ein Einzelstück.

Ich habe hier einige ganz typische Fragen aus meiner Beratungspraxis aufgeführt. Möglicherweise findest du dich und dein Kind in einem der Beispiele wieder.

Mein Sohn (4 Jahre) will im Kindergarten nie malen. Er spielt nur mit Autos. Ist das bedenklich?

Es ist möglich, dass dein Sohn mit den Begrenzungen eines Papierbogens nicht zurechtkommt. Seine räumliche Wahrnehmung könnte anders entwickelt sein als bei anderen Kindern. Die Formen z. B. einer Blume auszumalen, fällt ihm schwer, wenn er Begrenzungen schlecht erkennt oder feinmotorisch nicht gut darauf eingehen kann. Spielt er mit Autos, kann er sich dagegen frei bewegen.

Prüfe beim Spielen, ob dein Sohn in erster Linie „grobe" Dinge tut, aber allem, was etwas mehr Fingerfertigkeit verlangt, aus dem Weg geht (z. B. Perlen sortieren und auffädeln, kleine Bausteine aufstapeln oder Mikado spielen). Sollte dir auffallen, dass dies der Fall ist, suche deinen Kinderarzt oder deine Kinderärztin auf. Ein Ergotraining kann ihm helfen, diese Defizite zu überwinden. Ggf. sollte dein Sohn rechtzeitig auf eine mögliche Lese-Rechtschreibstörung (LRS) getestet werden. Dies ist auch schon vor der Schule möglich.

Bei den Vorschulaufgaben zeigt meine Tochter eine ihr sonst völlig unbekannte Ungeduld. Sie will lieber nichts tun oder nur schnell fertig werden. Was soll ich davon halten?

Es ist möglich, dass deine Tochter eine LRS hat. Beschäftigt sie sich mit Aufgaben, die ein unangenehmes Gefühl in ihr auslösen, will sie diesen naturgemäß aus dem Wege gehen.

Versuche herauszufinden, welche Aufgaben genau es sind, die sie vermeidet. Dies kann dir schon etwas Aufschluss darüber geben, wo das Problem liegt. Ist es z. B. die Beschäftigung mit Symbolen (Buchstaben, Zahlen), sind es Aufgaben, bei welchen deine Tochter feine Unterschiede erkennen soll oder eventuell sauberes Ausmalen?

Mein Sohn (5 Jahre) will partout nicht seinen Namen schreiben lernen. Was ist los?

Wenn ein Kind im Alter von 5 bis 6 Jahren, also kurz vor der Einschulung, nicht lernen möchte, seinen Namen oder den Namen anderer Familienmitglieder zu schreiben, liegt wahrscheinlich eine LRS vor.

Normalerweise sind Kinder in diesem Alter ganz begierig darauf, die Welt der Buchstaben zu erkunden und alles, was sie gerne mögen, mit Namensschildchen zu versehen bzw. auf Bildern zu verzeichnen. Lasse dein Kind von einer kompetenten Fachkraft testen.

Mein Sohn kann noch immer keine Schleife binden, mit Messer und Gabel kann er auch nichts anfangen. Er wirkt da etwas tollpatschig. Er ist aber schon 6 und kommt bald in die Schule. Ist das normal?

Mit 6 Jahren sollte er diese Fertigkeiten schon recht gut beherrschen. Es sieht so aus, als hätte dein Sohn grob- und feinmotorische Defizite. Sprich mit deinem Kinderarzt bzw. deiner Kinderärztin und lass deinem Kind Ergotherapie verschreiben.

Da diese Auffälligkeiten auch ein Zeichen für fortbestehende frühkindliche Reflexe sein können, solltest du dem Verhalten deines Sohnes nach der Einschulung besondere Aufmerksamkeit schenken. Ein INPP- oder RIT-Screening, um die neurologische Reife deines Kindes zu untersuchen, wären auch im Vorfeld schon ratsam.

Meine Tochter ist nicht gekrabbelt. Sie kann auch schlecht die Balance halten. Nun sagt die Erzieherin im Kindergarten, dies könnte ein Zeichen für Legasthenie sein. Stimmt das?

Ja, eine verkürzte Krabbelphase und Schwierigkeiten mit der Körper-Raum-Einheit können auf eine Veranlagung zu einer Lernschwäche hinweisen. Wenn dein Kind auch ungern zum Turnen geht, klettert, Rad fährt etc., wären genauere Untersuchungen zu empfehlen. Ich denke hier auch an frühkindliche Reflexe, da der Gleichgewichtssinn deiner Tochter betroffen ist. Sprich mit eurem Kinderarzt bzw. eurer Kinderärztin darüber.

Mein Sohn (7 Jahre) spricht schneller, als er denkt. Dabei verhaspelt er sich. Er sagt manchmal auch selbstkreierte Wörter wie „Metterschling" anstatt „Schmetterling". Hat er Legasthenie?

Dein Sohn denkt schneller, als er es mit seinen Handlungen vereinbaren kann. Diese Inkongruenz in Denken und Handeln sind eines der typischen Symptome einer biogenetischen LRS, auch Legasthenie genannt.

Übe mit ihm, langsam zu sprechen. Das kann spielerisch erfolgen, indem er einen Roboter verkörpert, der nur in Silben sprechen kann. Der Vorteil dieser Übung ist, dass er dabei auch deutliches Sprechen lernt und daher später besser in der Rechtschreibung sein wird. Auch Kinderyoga mit Atemübungen kann ihm helfen.

Meine Tochter kann sich keine Reime merken. Im Memory-Spiel ist sie aber sehr gut. Hat das etwas zu bedeuten?

Wenn sich deine Tochter keine Reime merken kann, hat sie wahrscheinlich Defizite im akustischen Gedächtnis und ggf. Probleme mit der akustischen Serialität, also der Reihenfolge von Tönen und Lauten. Dafür kann sie sich Bilder gut merken, hat also ein gut ausgebildetes visuelles Gedächtnis.

Der akustische Bereich sollte besonders gefördert werden, damit in der Schule keine Probleme beim Lesen und Schreiben auftreten. Lass deine Tochter bei ihrem Kinderarzt bzw. bei der Kinderärztin testen, ob weitere Teilleistungsstörungen vorliegen, die anzeigen, dass dein Kind von LRS betroffen ist.

Ich habe gehört, dass Kinder, wenn sie im Vorschulalter viel Fernsehen gucken, Legasthenie bekommen können. Stimmt das?

Nein. Eine Legasthenie (biogenetische LRS, siehe Seite 67) ist angeboren und kann daher nicht durch Fernsehen entstehen. Sie kann allerdings dadurch verschlimmert werden. Hoher Fernsehkonsum führt jedoch schnell zu einer erworbenen Lese-Rechtschreibschwäche.

Langzeitstudien aus verschiedenen Ländern, darunter den USA und Neuseeland, belegen inzwischen, dass längerer Fernsehkonsum sich schon bei Kleinkindern negativ auf ihre Lernfähigkeit auswirkt. Es kommt zu Störungen in den Bereichen Wahrnehmung, Denken, Erkennen und Erinnern. Gelerntes kann nicht im Gehirn abgespeichert werden, wenn man nach dem Lernen aufregende Filme schaut oder PC-Spiele spielt. Es gibt kein eigenes Erleben zu den TV-Bildern, das ein Lernen ermöglichen würde.

Kinder, die einen eigenen Fernseher im Zimmer haben, haben schlechtere Schulnoten und sehen länger fern als Kinder, die kein Gerät im Zimmer haben. Das hat eine Studie von Borzekowski, Kalifornien, mit Drittklässlern gezeigt.

ERFAHRUNGEN MÜSSEN ÜBEREINSTIMMEN

In einem Interview erklärte der bekannte deutsche Psychiater Prof. Dr. Manfred Spitzer, ärztlicher Direktor der Psychiatrischen Uniklinik Ulm, die Art der Wahrnehmung beim Fernsehen: Wenn man mit einem Löffel gegen eine Tasse schlägt, dann wackelt die Tasse und es tönt entsprechend. Nur durch solche Erfahrungen würden Kinder überhaupt lernen, was ein Löffel ist und welche Eigenschaften Porzellan hat. Beim Fernsehen aber sind Klang und Klangquelle nicht eindeutig, sie verschwimmen zu einer Klangsoße, und zwar unabhängig von der Qualität des TV-Programms. Das kleinkindliche Gehirn kann diese Informationen nicht zusammenbringen und ist schnell überfordert. Wenn das Akustische und das Visuelle nicht auf Millisekunden zusammenpassen, werden diese Eindrücke nicht richtig verarbeitet.

Viel Fernsehen und am Computer spielen sind Tätigkeiten mit nur sehr geringer körperlicher Aktion. Diese ist aber unbedingt notwendig, damit ein Kind alle Ebenen der Wahrnehmung aktivieren kann.

Die Lehrerin meines Sohnes (7 Jahre) sagt, er könne keine Legasthenie haben, da er keine Buchstaben verdrehe. Stimmt das?
Leider nein. Viele Grundschullehrkräfte sind nur unzureichend über die verschiedenen Erscheinungsformen einer LRS informiert, da dies nicht Teil ihres Studiums ist. Auch wenn dein Kind keine Buchstaben oder Zahlen verdreht, kann es von einer LRS betroffen sein. Das Verdrehen von Symbolen ist nur ein mögliches Merkmal. Je nachdem, welche Teilleistungsbereiche betroffen sind, können ganz andere Symptome auftreten, z. B. Schwierigkeiten im Erkennen von Silben oder im Lautieren.

Andererseits ist das Verdrehen von Buchstaben im Alter zwischen 6 und 7 Jahren noch normal. Die Fähigkeit, Symbole genau zu differenzieren, entwickelt sich erst in dieser Altersstufe. Also: Nicht jedes Kind, das in diesem Alter b, d, p, q oder E und 3 verwechselt, hat eine LRS!

Mein Kind klagt über Bauch- und Kopfschmerzen, wenn es zur Schule geht. Muss ich mir Sorgen machen?
Du solltest auf jeden Fall herausfinden, was deinem Kind an der Schule nicht behagt. Wenn körperliche Symptome auftreten, sind die Schwierigkeiten nicht zu unterschätzen. Sie können Symptome einer emotionalen Belastungsstörung sein, also psychosomatische Beschwerden, die entstehen, wenn eine LRS nicht rechtzeitig erkannt wird. Aber auch andere Sorgen deines Kindes können ein Grund dafür sein. Gibt es etwas auf dem Schulweg, das deinem Kind Probleme bereitet, wird es z. B. von anderen geärgert oder bedroht? Hat es Angst vor anderen Kindern oder einer Lehrkraft? Hat es Probleme mit den Unterrichtsinhalten?

Nur wenn du weißt, was dein Kind bedrückt, kannst du ihm helfen. Führe ein Gespräch mit der Klassenleitung. Frage dein Kind, ob es auf dem Weg begleitet werden möchte, oder spiele mit Teddybären „Schule“ mit ihm. Im Spiel können Kinder sich leichter offenbaren als in einem Gespräch.

Wie kommt es, dass mein Kind ein einfaches Wort immer wieder falsch schreibt, schwierige Wörter aber richtig?

Kinder mit einer biogenetischen LRS können oftmals schwierige Wörter besser schreiben, weil sie beim Erlernen dieser Wörter bewusster bei der Sache waren als bei den vermeintlich einfachen. So sind die schwierigen Wörter besser im Langzeitgedächtnis gespeichert worden.

Da eines der Symptome einer LRS die zeitweise Unaufmerksamkeit beim Lesen und Schreiben ist, sind es gerade die einfachen Wörter, die nicht „hängen bleiben" und dann in den unterschiedlichsten Varianten in ein und demselben Text auftauchen.

Meine Tochter schreibt dasselbe Wort in einem Text in drei verschiedenen Varianten. Dabei haben wir schon so viel geübt! Was soll ich tun?

Es könnte sein, dass dein Kind keine visuelle Vorstellung von einfachen Wörtern abgespeichert hat. Dadurch erkennt es möglicherweise nicht, wenn etwas falsch geschrieben ist.

Falls es ein auditiver Lerntyp ist, bei dem die akustische Analyse von Wörtern nicht automatisiert ist, könnte es im Kopf auf unterschiedlich gespeicherte Informationen zurückgreifen. Es besteht die Möglichkeit, dass bestimmte Laute im Vorschulalter nicht richtig abgespeichert wurden, und dein Kind daher versucht, zu erraten, wie das Wort korrekt klingen könnte. Es wäre ratsam, dein Kind von einem Lerntherapeuten untersuchen zu lassen.

In einer Elternzeitschrift stand, wer mit seinem Kind viel spielt, kann so einer Legasthenie oder Dyskalkulie vorbeugen. Stimmt das?

Nun, vorbeugen lässt sich nicht, wenn dein Kind eine biogenetische LRS (also Legasthenie oder Dyskalkulie) geerbt hat. Die Folgen für das schulische Lernen lassen sich aber mindern, wenn schon früh Spiele gespielt werden, die die verschiedenen Wahrnehmungsebenen deines Kindes und damit seine Fähigkeiten in den Teilleistungen fördern. Eine Liste von Spielen, die ich gerne empfehle, findest du im Anhang dieses Buchs ab Seite 218.

So erkennst du eine Lernstörung frühzeitig

Es kommt häufig vor, dass erst mit der 2. Klasse oder sogar erst in der 3. Klasse Probleme erkannt werden, insbesondere im Falle einer Rechenstörung. Oft werden die Eltern vorher damit vertröstet, dass jedes Kind ein eigenes Lerntempo hat.

Dabei gibt es durchaus verschiedene Anzeichen, die darauf hinweisen können, ob dein Kind von einer Lernstörung betroffen ist. Schon im Vorschulalter lässt sich durch rechtzeitige Untersuchungen ein Verdacht klären.

Es ist wichtig, dass du bei der Auswahl der Schule für dein Kind später darauf achtest, ob sie für die ggf. besonderen Bedürfnisse deines Kindes geeignet ist. Dies kann in ländlichen Gebieten, wo nur wenige Schulangebote zur Verfügung stehen, eine Herausforderung sein. Dennoch können Gespräche mit der Schulleitung und den Lehrkräften sowie die Kontaktaufnahme zu einem Lerntherapeuten bzw. einer Lerntherapeutin vor der Einschulung helfen, Schulfrust von Anfang an zu vermeiden.

Es gibt auch Übungen, mit denen du bereits vor der Einschulung beginnen kannst, um die Auswirkungen unterschiedlicher Wahrnehmungen zu überwinden.

Hinweise auf eine Lernstörung

Im Folgenden habe ich einige Auffälligkeiten aufgelistet, die auf eine Lernstörung hinweisen können. Natürlich wird dein Kind nicht alle dieser Anzeichen zeigen. Es geht darum, als Elternteil aufmerksam zu sein. Auch ein Gespräch mit der Erzieherin oder dem Erzieher im Kindergarten kann weitere Erkenntnisse bringen.

Besonderheiten in Schwangerschaft und bei Geburt

- Die Schwangerschaft verlief mit vielen Stressphasen.
- Die Schwangerschaft musste liegend verbracht werden.
- Es gab Komplikationen in der Geburt:
  - Sturzgeburt
  - Sehr lange Geburt mit Wehenmitteln in beide Richtungen
  - Nabelschnur um den Hals
  - Kind steckte fest
  - Zange oder Saugglocke

Auffälligkeiten im Vorschulalter

- Es liegt Legasthenie in der Familie vor.
- Dein Kind hat Probleme, klar artikuliert zu sprechen.
- Die Sprachentwicklung deines Kindes ist im Ganzen verzögert.
- Dein Kind denkt schneller, als es sprechen oder handeln kann.
- Es verwechselt Bezeichnungen für Gegenstände, die es kennt.
- Dein Kind lispelt.
- Es hat Schwierigkeiten, sich Bezeichnungen für Objekte und/oder Farben zu merken.
- Es verwechselt Richtungsbezeichnungen.
- Es hat Schwierigkeiten mit Reihenfolgen.
- Dein Kind verfügt über eine erhöhte Merk- bzw. Unterscheidungsfähigkeit in Teilbereichen (z. B. „Guck mal, die Blume hat gestern noch nicht geblüht“ – eine unter vielen, die sonst niemand bemerkt hat).
- Es ist sehr kreativ und fantasiebegabt.
- Dein Kind hat eine gute Auffassungsgabe für konstruktives bzw. technisches Spielzeug.
- Seine Motorik bzw. Raumorientierung weist Defizite auf (Stolpern, Richtung der Gliedmaßen falsch ausgeführt, z. B. Arm nach oben anstatt zur Seite – beobachte ich immer wieder bei Yoga mit LRS-Kindern).
- Dein Kind lässt sich gerne vorlesen, vermeidet aber die Beschäftigung mit Buchstaben und Worten. Es lernt nur zögerlich, seinen Namen zu schreiben.

- Es hat Probleme mit Reimwörtern und ähnlich klingenden Lauten sowie der Unterscheidung von nicht passenden Worten.
- Es war kein Krabbelkind, sondern stand früh auf.
- Dein Kind musste eine Spreizhose tragen.
- Es hatte andere Einschränkungen der Bewegungen.

Auffälligkeiten im Schulalter

- Dein Kind hat Probleme bei der Ausformung der Buchstaben beim Schreiben.
- Es hat Schwierigkeiten bis hin zur Unfähigkeit, aus Buchstaben Silben und Worte zu bilden.
- Dein Kind verwechselt häufig ähnliche Zahlen und/oder Buchstaben.
- Es hat eine Rechts-Links-Schwäche.
- Dein Kind lernt nur mühsam Uhr und Kalenderdaten, zeitliche Abfolgen bleiben unverstanden.
- Deinem Kind fallen Fertigkeiten, bei denen die Zusammenarbeit beider Gehirnhälften von Bedeutung ist (Schleife binden, Seilspringen, Augen-Hand-Koordination), schwer.
- Es versteht Gelesenes nicht.
- Mit ihm müssen eigentlich bekannte Worte immer wieder neu erarbeitet werden, da die Wortbilderinnerung gestört ist (Speicherung unterhalb der Bewusstseinsschwelle).
- Dein Kind zeigt Vermeidungshaltungen, Unruhe, Aggression oder Verstimmung beim Erlernen von Lesen, Schreiben oder Rechnen.
- Es klagt über Schulkopfschmerz oder Bauchschmerzen (ist ab und zu das erste Indiz in Klasse 1).
- Es liest Worte nicht, sondern errät sie.
- Die Aussprache beim Lesen ist sonderbar, da dein Kind das Wort nicht als bekannt erkennt.
- Für schriftliche Aufgaben benötigt es deutlich mehr Zeit.
- Dein Kind ist desorganisiert und lässt sich leicht und gerne ablenken.
- Es kann mündliche Anweisungen schwer umsetzen.

- Zwei oder drei gleichzeitig erteilte Anweisungen kann es nicht in der richtigen Reihenfolge ausführen oder es führt nur eine Anweisung aus.
- Auch beim Lernen von Fremdsprachen kann es zu Problemen kommen.

Fehlerhafte Wahrnehmung von Schriftsymbolen

Wenig Beachtung findet im deutschsprachigen Raum bisher das Phänomen der unruhigen, tanzenden, verschobenen oder mehrdimensionalen Wahrnehmung von Schriftsymbolen. Häufig werden die Kinder nicht gefragt, wie und was sie auf dem Papier sehen. Es wird in der Regel von der zweidimensionalen, unbewegten Wahrnehmung ausgegangen.

Sollte dein Kind in diesem Bereich Auffälligkeiten zeigen, kann dir ein Spezialist oder eine Spezialistin für Kinderoptometrie weiterhelfen, Probleme beim Erkennen von Zahlen und Buchstaben rechtzeitig zu erkennen. Eine einfache Sehstärkenuntersuchung reicht dafür nicht aus.

Nimm deine Beobachtungen ernst und lass dich nicht vertrösten

Es können weitere, hier nicht aufgeführte Symptome auftreten. Oft haben Kinder, die unter Dyskalkulie leiden, auch eine Lese-Rechtschreibschwäche. Andersherum ist dies nicht so häufig der Fall. Worauf dies beruht, muss noch näher erforscht werden.

Ich bin immer schockiert, wenn Lehrkräfte den Eltern sagen: „Wenn dein Kind im Lesen, Schreiben *und* Rechnen Probleme hat, dann hat es keine Legasthenie. Dann fehlt es einfach ein bisschen im Köpfchen.“ Glaub mir, das ist kein Einzelfall. Doch neurologische Strukturen, die zu einer Legasthenie, also einer biogenetischen LRS, führen, können durchaus *gleichzeitig* eine Dyskalkulie hervorrufen. Was Legasthenie bzw. biogenetische LRS bedeuten und warum der Begriff der Legasthenie veraltet ist, kannst du im Kapitel „LRS oder Legasthenie – ist das nicht das Gleiche?“ auf Seite 63 nachlesen.

Richtig fördern macht den Unterschied

Betrachten wir beispielhaft zwei Kinder aus meiner Praxis. Du wirst sehen, wie sich die Förderung auswirkt, wenn sie rechtzeitig und sachkundig durchgeführt wird.

Blick in die Praxis: Carla, 12 Jahre, Klasse 6
Ein typisches Beispiel für eine verschleppte Leseschwäche, kombiniert mit Unterrichtsfehlern und deren Auswirkungen, zeigt sich am Fall von Carla. Sie ist 12 Jahre alt und besucht die 6. Klasse eines Gymnasiums. In der Grundschule erlernte sie die weit verbreitete Methode „Lesen durch Schreiben", die seit etwa 2019 in fast allen Bundesländern nicht mehr zugelassen ist. Der Unterricht war offen gestaltet, mit wenig Kontrolle. Carlas Lesefähigkeiten sind unterdurchschnittlich, sie zeigt oft Unkonzentriertheit und ihre Rechtschreibung verursacht Tränen. Diese Defizite wurden jedoch erst in Klasse 5 am Gymnasium auffällig, als sich die Eltern entschieden, Carla auf eine LRS testen zu lassen.

Bei der Untersuchung stellte ich eine leichte Lese-Rechtschreibschwäche fest, die im Wesentlichen auf einem Mangel in der Lautdiskriminierung und der Raumorientierung beruht. Das bedeutet, dass es Carla schwerfällt, Unterschiede von Lauten herauszuhören und dass sie beim Lesen schnell in den Zeilen verrutscht, sich im Text also nicht gut zurechtfindet. Die Auswirkungen dieser Schwäche sind nach 6 Schuljahren ohne gezielte Förderung durchaus schwerwiegend. Carlas Fehler in der Rechtschreibung basieren lediglich zu 20 % auf Wahrnehmungsfehlern und zu ganzen 80 % auf Regelfehlern, die auf den mangelhaften Unterricht zurückzuführen sind.

In der 6. Klasse wird es für Carla deutlich mühsamer, ihre Defizite aufzuholen, insbesondere, da ihre jüngeren Geschwister sie hänseln, wenn sie Übungen der unteren Klassenstufen wiederholen muss. Der lange Schultag bis weit in den Nachmittag hinein und private Verpflichtungen erschweren zusätzliches Üben, da auch die normalen Hausaufgaben in Klasse 6 einen großen Zeitraum beanspruchen.

Dennoch hat Carla von einem konsequent regelgeleiteten Rechtschreibtraining profitiert. Sie konnte bald die neuen Kenntnisse auf Texte ihrer Klassenstufe anwenden. Die Schule war bereit, die Menge der Hausaufgaben zugunsten der Rechtschreibübungen zu reduzieren.

Blick in die Praxis: Anders lief es bei Björn, Klasse 2

Björn zeigte bereits gegen Ende von Klasse 1 Probleme beim Lesen. Seine Mutter berichtete, dass Björn schon im Vorschulalter keine Lust hatte, seinen Namen zu schreiben, was Kinder in diesem Alter normalerweise gern tun.

Bei Björn stellten wir eine mittlere Lese-Rechtschreibstörung mit biogenetischer Ursache fest. Es wurde mit der Schule vereinbart, dass er nur einen Teil der Hausaufgaben machen sollte, da sein Arbeitstempo deutlich langsamer war als das seiner Mitschüler und Mitschülerinnen.

Björn kam regelmäßig zu mir zum Training mit IntraActPlus-Konzept. Damit werden Buchstaben und Silben richtig automatisiert. In der Schule durfte er am differenzierten Unterricht in einer Inklusionsklasse teilnehmen. Am Ende von Klasse 2 hatte Björn einen Großteil seiner Schwierigkeiten und Ängste vor dem Lernstoff überwunden. Obwohl er weiterhin langsamer arbeitete und seine differenten Wahrnehmungen weiter geschult werden mussten, konnte er im Unterricht mithalten. Seine Hausaufgaben wurden zugunsten spezieller Übungen reduziert.

Die Schule zeigte sich kooperativ und interessiert. Anders als bei Carla wird Björn, wenn er die Klassenstufe 6 erreicht, trotz der schwerwiegenderen biogenetischen LRS weniger Fehler machen als sie und eine größere sprachliche Kompetenz aufweisen.

SO LERNT DEIN KIND

Alles Lernen ist das Ergebnis von Erfahrungen und Sinneseindrücken. Das beginnt direkt ab Geburt deines Kindes – und auch schon vorher, im Mutterleib.

Das menschliche Gehirn unterliegt permanenten Veränderungen durch die Sinneseindrücke, die es aufnimmt und verarbeitet. Nach der Geburt wächst das neuronale Netz, bestehend aus Nervenzellen und Verbindungen, rasant. Jeder Sinneseindruck führt zu weiteren Verbindungen.

Lernen braucht Sinnesreize

Heutzutage kann die Hirnforschung diese Entwicklung und die Hirnaktivität bei bestimmten Tätigkeiten genau abbilden. Zum Beispiel zeigt ein Geiger eine stärkere Entwicklung der Hirnbereiche für seine linke Hand im Vergleich zur rechten. Die sensorische Erfahrung der linken Hand, die Saiten spürt und Druck für Tonveränderungen ausübt, ist deutlich größer als bei der rechten Hand, die den Bogen starr führt.

Eine Klavierspielerin hingegen hat ausgeprägte Gehirnareale für beide Hände, da sie gleichermaßen Bewegung und Tastenkontakt erfahren. Mit zunehmendem Alter wird es schwieriger, diese Fähigkeiten zu erlernen, weshalb viele Pianisten und Pianistinnen schon im frühen Kindesalter das Klavierspielen beginnen.

Für die Wahrnehmungsbereiche eines Kindes ist eine vielfältige Erfahrung auf vielen Sinnesebenen notwendig. Das bedeutet jetzt aber nicht, dass du deinem Kind etliche Reize in Form von viel und buntem Spielzeug anbieten sollst. Im Gegenteil, moderne Kinderzimmer sind oft visuell überfrachtet, was vor allem Kinder mit hoher Auffassungsgabe überfordern kann. Kinder mit schwächeren Filtersystemen, wie zum Beispiel bei ADHS, haben Schwierigkeiten, Wichtiges von Unwichtigem zu unterscheiden und sind permanent überfordert.

Neuronale Defizite nachtrainieren

Das Gehirn ist hauptsächlich damit beschäftigt, Sinneseindrücke einzuordnen und zu bewerten. Neue Erfahrungen von außen sind notwendig, um es umzustrukturieren und neue Nervenverbindungen zu bilden. Auf diese Erfahrungen und Fertigkeiten kann das Gehirn dann in der Folge zurückgreifen. Es erkennt Ähnlichkeiten, sortiert Unterschiedliches ein und bewertet Emotionen neu, um sie getrennt zu speichern.

Die Entwicklungsfähigkeit der Neuronen ist jedoch auch genetisch bedingt. Für Kinder mit Legasthenie bzw. biogenetischer LRS bedeutet dies, die angeborenen Defizite in bestimmten Arealen können durch regelmäßige Übungen mit speziellen Trainingsverfahren je nach Stärke der Störung nachtrainiert werden. Auch wenn sich nicht alles dadurch auffangen lässt, kann sich die schulische Leistung doch merklich verbessern.

Nachtrainieren durch Wiederholen

In einer Studie der Kinder- und Jugendpsychiatrie der Universitätsklinik Marburg wurde herausgefunden, dass bei Kindern mit biogenetischer LRS bzw. Legasthenie die Aktivierung der für die jeweilige Teilleistung benötigten Hirnareale im Vergleich zu nicht betroffenen Kindern deutlich langsamer und geringer ausfällt. Um also Inhalte vom Arbeitsgedächtnis ins Langzeitgedächtnis zu übertragen und dort sicher zu verankern, sind deutlich mehr Wiederholungen erforderlich.

Die Schweizer Familientherapeutin Madeleine Humm macht darauf aufmerksam, dass Kinder möglichst viel Anregungen im taktilen Bereich und viel Bewegung benötigen. Einem Kind, das sich viel bewegt, fällt es auch leichter, sich im Zahlenraum zu bewegen, da es gelernt hat, sich im Raum zu orientieren. Kinder, die Wasser aus einem größeren Gefäß in ein kleineres umfüllen, welches dabei überläuft, können sich besser Vorstellungen von Mengen machen. Ganz besonders die Bewegung in der Natur, das Klettern auf Bäumen oder Klettergerüsten befähigt Kinder später in der Schule, nicht nur oben und unten, hinten und vorne sowie rechts und links zu unterscheiden. Sie kommen auch besser zurecht mit den Begriffen Plus und Minus im Rechnen und dem Voranschreiten auf einem Zahlenstrahl.

Ein weiterer Aspekt ist der emotionale Bezug zum Lerninhalt. Wenn Hormone ausgeschüttet werden, die mit Freude verbunden sind, erfolgt die Speicherung schneller und ist dauerhafter.

Für das Üben zu Hause
Mit diesem Wissen kannst du die Übungen für dein Kind verbessern. Du musst also nicht ständig etwas Neues üben oder auf immer neue Art und Weise. Ganz im Gegenteil. Übe ein Thema erst einmal immer gleich, wenn du festgestellt hast, dass dein Kind dadurch etwas besser lernt. Baue lustige Dinge mit ein, z. B. Quatschtexte oder Roboterlesen (Sprechen in Silben). Dann hat dein Kind auch Spaß daran.

Negatives Feedback hilft, Fehler zu vermeiden

Seit einigen Jahren ist es in der Schule nicht mehr gestattet, dass Kinder beim Schreibenlernen einfach drauflos schreiben, ohne korrigiert zu werden. Dennoch denken viele Lehrkräfte immer noch, dass Kinder zunächst Spaß am Schreiben haben sollten und dass Kritik die positive Schreiberfahrung störe. Wie bereits beschrieben, führt dieses Vorgehen jedoch zu Fehlern in der Automatisierung. Aus dem anfänglichen Spaß wird schnell Frustration, wenn die Kinder langfristig Wörter falsch reproduzieren und die richtige Schreibweise nicht im Gedächtnis bleibt. Eine sofortige Korrektur ist daher von enormer Bedeutung.

Generell wird meist angestrebt, Kindern möglichst nur positives Feedback zu geben, auch wenn sie sehr fehlerhaft gearbeitet haben. Die Psyche des Kindes soll geschont werden. In der Schule geht man davon aus, dass Lob das richtige Vorgehen zur Lösungsfindung fördert. Ein direkter Hinweis wie: „Es tut mir leid, aber du hast das leider falsch gemacht" wird als schlechte Pädagogik angesehen, da man dem Kind nicht die gute Laune und die Motivation nehmen möchte.

Die Frage, welche Art von Feedback das Lernen fördert, wurde am Leibniz-Institut für Neurobiologie Magdeburg untersucht. MRT-Untersuchungen der Reaktionen des Gehirns bei Testteilnehmern auf unterschiedliches Feedback brachten erstaunliche Ergebnisse zutage.

Negative Rückmeldung für Klarheit

Positives Feedback vermittelte dem Gehirn lediglich die Information, dass die verfolgte Strategie sowie mögliche Alternativen möglicherweise richtig sind. Negatives Feedback führte zu der klaren Entscheidung, dass die verfolgte Strategie eindeutig falsch ist und verworfen werden sollte. Es stellte sich heraus, dass nur negatives Feedback die Möglichkeit bietet, die eigenen Antwortstrategien und Vorgehensweisen anzupassen, um Fehler in der Zukunft zu vermeiden.

Die Studienleiter erklärten dazu, dass Fehler nicht alle gleichbedeutend sind: Beim initialen Lernen sind sie gar nicht zu vermeiden. Es geht vielmehr darum, aus den Fehlern zu lernen und flexibel eine Strategie zu entwickeln, die richtig funktioniert. Um komplexe Zusammenhänge zu begreifen, braucht das Hirn zwar die sogenannten Belohnungszentren, aber nicht unbedingt eine Belohnung, so die Studienleiter.

Es ist also richtig, wenn du deinem Kind sagst: „Es tut mir leid, aber das hast du leider falsch gemacht", denn nur so wird die bisherige Strategie als falsch verworfen und nicht weiterverfolgt. Hier setzt gute Pädagogik an, nämlich dann, wenn die Lehrkraft fragt, wie ein Kind zu diesem Lösungsweg gekommen ist und Anleitung gibt, die richtige Strategie zu entwickeln. Ein Beispiel könnte sein: „Lass uns mal schauen, wie wir es richtig hinbekommen. Wie bist du denn vorgegangen?" Erst, wenn die Lehrkraft weiß, wo der Denkfehler entstanden ist, kann der Weg zur richtigen Lösung gefunden werden.

Für das Üben zu Hause
Wenn du das bei der Hausaufgabenbegleitung berücksichtigst, kann dein Kind auch ohne Frust aus Fehlern lernen. Es wird stolz darauf sein, die richtige Lösung entdeckt zu haben. So wird gleichzeitig sein Selbstbewusstsein positiv beeinflusst.

Natürlich neugierig die Welt erkunden

Alle Kinder sind von Natur aus neugierig. Diese angeborene Neugierde ermöglicht es ihnen, ihre Welt zu entdecken. Kein Kind würde Laufen lernen wollen, wenn es diesen Entdeckerdrang nicht hätte.

Daher ist Lernunlust immer ein Zeichen dafür, dass etwas nicht stimmt. Manchmal stimmt die Chemie zwischen Lehrkraft und Schüler bzw. Schülerin nicht, manchmal sehnt ein Kind sich danach, noch klein zu sein (z. B., wenn noch kleinere Geschwister da sind, die keine Hausaufgaben machen müssen), manchmal liegt es aber eben direkt am Lernen selbst. Es ist immer wichtig, diese Zeichen ernst zu nehmen und einen Lösungsweg zu finden.

Die Schulzeit ist lang. Danach hört das Lernen jedoch nicht auf. Entwickelt dein Kind schon früh Frustgefühle für das Lernen, ist ein Lebensweg mit weniger Freude und vielen Anstrengungen fast schon vorprogrammiert.

Manche Kinder benötigen mehr Zeit

Auch wenn Kinder mit Lernschwäche durch gezielte Übungen ihre Schwierigkeiten überwinden, werden sie wahrscheinlich immer etwas langsamer sein als ihre Mitschüler und -schülerinnen. Bei guter Unterstützung kann ihnen aber die Schule bald wieder Freude bereiten. Das Verhältnis zu ihren Lehrern und Lehrerinnen und zu ihren Eltern sollte positiv und unterstützend sein, im Gegensatz zu einer Beziehung, die von Zwang und Strafen geprägt ist.

Von einem Schulsystem mit individuellen Lehrplänen, das den Kindern die Chance gibt, in jedem Fach seinen Fähigkeiten entsprechend gefördert zu werden, sind wir jedoch noch weit entfernt.

Obwohl in den letzten zehn Jahren durch politische Beschlüsse alle Kinder, auch Kinder mit jeder Art von besonderem Förderbedarf, in einer Klasse unterrichtet werden sollen, kann nicht die Rede davon sein, dass das den Kindern wirklich gerecht wird. Dazu bräuchte es Förderlehrkräfte in jeder Klasse zu mindestens 50 % der Unterrichtszeit (jede zweite Stunde).

Heute bleiben viele Kinder mit Förderbedarf hinter ihren Möglichkeiten zurück, weil Inklusion ohne die richtige Vorbereitung, nämlich die Ausbildung von genug Förderlehrkräften, umgesetzt wurde. So kommt es nicht zu der propagierten Gleichstellung. Das Gegenteil ist leider oft der Fall.

Ganzheitlich lernen – was bedeutet das?

Es ist wichtig, dass dein Kind Buchstaben, Wörter und Zahlen von Anfang an ganzheitlich erlebt. Der erste Kontakt mit neuen Dingen geschieht oft visuell – dein Kind sieht etwas und möchte mehr darüber erfahren. Es beginnt, das Objekt zu berühren und es in den Mund zu nehmen. Fingerspitzen, Lippen und Zunge sind extrem sensibel und übermitteln viele Informationen an das Gehirn, die dann mit bereits vorhandenen Erfahrungen verglichen werden. Das In-den-Mund-Nehmen ermöglicht auch Geschmackserfahrungen, die wiederum anders bewertet werden und zu verschiedenen Erinnerungen führen.

Manche Eltern versuchen, ihren Kindern das „Lernen durch den Mund“ abzugewöhnen, aus Sorge vor Unappetitlichem oder Krankheiten. Natürlich kann es vorkommen, dass sich Kinder mit Keimen infizieren, die z. B. an einem Holzbuchstaben haften. Das ist in der Regel jedoch nicht schädlich. Kinder, die häufiger Keimen ausgesetzt sind, entwickeln ein stärkeres Immunsystem. Übermäßige Sauberkeit und der Einsatz von desinfizierenden Reinigungsmitteln können hingegen dazu führen, dass Kinder Anfälligkeiten für Krankheiten und Allergien entwickeln.

Zu den taktilen, geschmacklichen und auch olfaktorischen (Geruchs-) Erfahrungen kommt die erläuternde Stimme der Bezugsperson hinzu. Die Ohren nehmen Begriffe wahr, die mit dem Objekt und den bereits vorhandenen Erfahrungen verknüpft werden. Auf diese Weise wird beispielsweise die Spielzeugente ganzheitlich erlebt. Das Kind kann die Form „Ente“ mit dem Laut „Ente“ verbinden und so seine Muttersprache lernen. Eltern, die viel mit ihren Kindern sprechen, fördern die Entwicklung aller Sinne, die mit Sprache zu tun haben, und erleichtern ihrem Kind später den Umgang mit Sprache in der Schule.

Eine Nervenverbindung zwischen zwei wichtigen Spracharealen, die sich nach der Geburt bildet, ist eng mit dem Sprachverstehen von Kindern verknüpft. Eltern, die viel mit ihren Kindern sprechen, unterstützen diese Entwicklung. Selbst Babys können sich wiederholende Silben in Sätzen erkennen. Kinder, die viel Zeit vor technischen Geräten verbringen und Sprache nicht auch als Mundbewegung und Mimik wahrnehmen, haben es oft schwerer, Sprache zu erlernen.

Die Sinne der Wahrnehmung

Die Art und Weise, wie dein Kind seine Umwelt wahrnimmt, hat einen großen Einfluss darauf, wie es lernt und ob es erfolgreich lernt. Daher möchte ich dir ein wenig über die Sinne der Wahrnehmung erzählen.

Die Sinne Hören und Sehen gelten als Fernsinne, während der Tastsinn, Geschmack und Geruch als Nahsinne bezeichnet werden. Gemeinsam bilden sie unsere „Fühler" zur Erkundung der Umwelt.

Wenn die Wahrnehmung deines Kindes aufgrund seiner genetischen Veranlagung anders ist als die seiner Mitschüler und -schülerinnen, bedeutet dies, dass es die Welt anders sieht, hört oder fühlt – es nimmt den Unterrichtsinhalt anders wahr.

Ein einfaches Beispiel: Stell dir vor, du spielst einigen Kindern eine Szene mit einer Handpuppe vor. Danach sollen alle Kinder beschreiben, was passiert ist. Du wirst nun völlig unterschiedliche Geschichten hören. Ein Kind wird z. B. genau sagen können, welche Kleidung oder Haarfarbe die Puppen hatten, ein anderes wird die Handlung genau nacherzählen können. Ein drittes Kind fand die Stimme einer der Handpuppen zu schrill. Jedes Kind hat die gespielte Geschichte anders wahrgenommen, abhängig davon, welcher „Kanal" besonders gut ausgebildet ist.

Dies ist normal. Probleme entstehen für dein Kind erst, wenn aufgrund einer eingeschränkten Wahrnehmung das Lernen, wie es in herkömmlichen Schulen stattfindet, schwierig wird.

Die Bereiche der Wahrnehmung

Um herauszufinden, warum ein Kind Schwierigkeiten beim Lernen hat, untersuchen wir die verschiedenen Wahrnehmungsbereiche, auch als Teilleistungen bekannt. Diese Bereiche werden für Testverfahren noch weiter untergliedert.

- Optische Differenzierung, Optische Serialität und Optisches Gedächtnis sind komplizierte Begriffe für das, was das Kind über die Augen wahrnimmt. Hierbei geht es darum, Unterschiede in Bildern zu erkennen, das Gesehene in der richtigen Reihenfolge wiederzugeben und sich Bilder zu merken. Diesen Bereich förderst du z. B. mit Memoryspielen oder dem Fortsetzen logischer Reihen.
- Im Bereich Akustik unterscheiden wir die Akustische Differenzierung, Akustische Serialität und das Akustische Gedächtnis – also die Fähigkeit, Unterschiede in Tönen zu erkennen, Töne in der richtigen Reihenfolge nachzuspielen und sich an Klänge zu erinnern. Singen und Musizieren, aber auch lustige Reime aufsagen fördern diesen Bereich.
- Kinästhetik umfasst den Tastsinn, die Raumorientierung und das Körperschema. Dabei geht es darum, ob das Kind Unterschiede im Tastempfinden erkennt, Raumrichtungen versteht und ein Bewusstsein für seinen eigenen Körper hat. Alle konstruktiven Spiele z. B. mit Lego oder Duplo und anderen Bausteinen, das Ertasten von Formen und Oberflächen in einem Ratespiel oder auch das Spielen mit Knetmasse sind hier förderlich.
- Zusätzlich gibt es die Intermodalität, die das Zusammenwirken mehrerer Wahrnehmungsebenen und deren zeitliche Abfolge beschreibt.

Training nach Wahrnehmungsebenen

Den Zusammenhang von Problemen in einzelnen Wahrnehmungsbereichen und schulischen Leistungen möchte ich dir mit einem Beispiel aus meiner Praxis verdeutlichen.

Blick in die Praxis

Karina hat Probleme mit der Optischen Differenzierung, der Raumorientierung und mit Reihenfolgen, also Serialitäten. Sie sagt z. B. „Monika kommt um 4 oder um 3 Uhr zum Spielen". Uhrzeiten kann sie sich nur schwer merken und einordnen. Die gestörte Raumorientierung beeinflusst auch ihr Zeitgefühl. Aber auch die Reihenfolgen von Buchstaben sind ein Problem für sie. Karina schreibt z. B. „Dre Ball its rnud". Ihr fällt der Unterschied zum richtig geschriebenen Wort nicht auf, hier wäre die Optische Differenzierung gefragt, um die Worte zu erkennen. Die richtige Reihenfolge der Buchstaben ist Aufgabe der Optischen Serialität. Weder das Wortbild noch die Reihenfolge der Buchstaben kommen ihr komisch vor. Die Fähigkeit, Wortbilder wiederzuerkennen, ist nicht entwickelt. Erst, wenn sie versucht, das Geschriebene Buchstabe für Buchstabe zu lesen, wird sie stutzig.

Würde Karina nun einzig und allein durch Diktate und Abschreiben versuchen, das Problem zu lösen, wäre der Frust für sie bald nicht mehr zu ertragen. Sie könnte die Fehler kaum erkennen und somit keine Verbesserungen vornehmen.

Die Raumorientierung

Kinder mit gestörter Raumorientierung haben oft Schwierigkeiten beim Rechnen, da sie sich Mengen und Zahlenräume schwer vorstellen können. Eine hilfreiche Übung ist das Ablaufen von am Boden ausgelegten Buchstaben, während sie gleichzeitig benannt werden. Dies kann auch am Tisch mit dem Finger auf Buchstabenfiguren geübt werden.

Diese Übung dient als unterstützender Schritt und sollte nicht als Hauptübung verwendet werden, sondern zur Auflockerung. Karina kann auf diese Weise ein Wort mit dem gesamten Körper erfahren, was das Einprägen der Buchstaben für Buchstabierübungen fördert. Sie sollte auch darin unterstützt werden, das Wort in der Vorstellung auf eine Art innere Tafel zu schreiben und es dann vorwärts und rückwärts zu buchstabieren, um die richtige Reihenfolge und das korrekte Wortbild ins Langzeitgedächtnis zu bringen.

Für Buchstabierübungen ist es wichtig, dass das Kind den Blick schräg nach oben führt. Der Zugang zu Vorstellung und Erinnerung von inneren Bildern ist mit dieser Augenbewegung verknüpft.

Kinästhetisches, auditives und visuelles Lernen

Ein Kind, das gerne etwas anfasst, berührt die einzelnen Buchstabenfiguren und fährt diese mit dem Finger nach, ohne hinzusehen. So wird das visualisierte Wort zusätzlich mit dem gefühlten verbunden. Anschließend wird dies mit einem positiven Gefühl verknüpft. Statt Leckerlis, wie es bei Hunden gemacht wird, kann das Kind während dieser Übung mit der freien Hand sein Lieblingsstofftier streicheln. Dies verknüpft das positive Gefühl mit der korrekten Erkennung des Wortes.

So gibt der Körper ein positives Signal, wenn das Wort als richtig geschrieben erkannt wird. Kinästhetische, also gefühlsorientierte, Kinder antworten auf die Frage: „Woran erkennst du, dass das Wort richtig geschrieben ist?“ – „Es fühlt sich gut an.“ Visuell orientierte Kinder sagen „Das sieht gut aus“, während ein eher auditives Kind möglicherweise antwortet: „Das klingt richtig“, wenn es das Wort langsam lesend mitspricht.

Wenn Kinder frühzeitig mit Hörspielen wie Kinderpodcasts oder der Toniebox in Kontakt kommen, fördert dies vor allem ihre auditive Wahrnehmung im Vergleich zur visuellen oder kinästhetischen Wahrnehmung. Kinder, die überwiegend auditiv lernen, neigen dazu, zur Erinnerung von Inhalten ihre Augen auf Ohrhöhe hin und her zu bewegen oder zur Seite zu blicken. Kinder, die visuell erinnern oder konstruieren, schauen dagegen schräg nach oben. Kinder, die eher auf das Fühlen fokussiert sind, insbesondere emotional empfindliche Kinder, schauen nach unten, um in ihren Gefühlserinnerungen die Lösung zu finden.

Auditive Kinder dagegen müssen sich alles der Reihe nach merken, was sie gehört haben, ähnlich einem inneren Tonband. Jedoch können sie weder vor- noch zurückspulen. Für jede neue Antwort müssen sie den gesamten Text erneut anhören. Bei zu langen Inhalten können Speicherfehler auftreten und erste Lerninhalte verloren gehen.

Nehmen wir als Beispiel eine Schulstunde zum Thema Christoph Kolumbus: Um Fragen zu beantworten, muss das auditive Kind seinen inneren Tonspeicher konsultieren und bei jeder Frage immer wieder von vorne starten. Dies erfordert viel Zeit, da die gesuchten Antworten an verschiedenen Textstellen zu finden sind.

Im Gegensatz dazu ermöglicht visuelles Lernen, dass sich das Kind ein inneres Bild schafft: einen Strand mit der Aufschrift „Amerika“, eine Jahreszahl darüber, drei Schiffe mit den Namen Pinta, Nina und Santa Maria und einen Mann mit einer Schrift auf der Brust, die seinen Namen nennt. Ein solches Bild lässt sich leicht erweitern und der innere Blick kann mühelos wandern, um die gewünschten Antworten schnell parat zu haben.

Auditive Kinder haben auch in Mathematik Schwierigkeiten, da sie den Zahlenstrahl nicht visualisieren können und keinen Zugriff auf Mengenbilder haben. Daher ist es im Anfangsunterricht in Mathematik wichtig, diese grundlegenden Fähigkeiten der visuellen Mengenerfassung intensiv zu üben. Ein Zahlenstrahl sollte zu Hause an der Wand hängen, damit das Kind lernen kann, die serielle Anordnung der Zahlen zu verinnerlichen, ohne sie jedes Mal aufzählen zu müssen. Nur wer einen visuell verinnerlichten Zahlenstrahl hat, kann sich spontan darauf hin- und herbewegen. Nur wer Mengen spontan erfassen kann, befreit sich vom ständigen Zählen.

Frühes Üben zahlt sich aus

Die Raumorientierung sowie das visuelle Speichern und Erinnern sollten also schon im Vorschulalter geübt werden. Kinder, die nur passiv zuhören, werden diese Fähigkeiten nicht automatisch entwickeln. Aktives Handeln ist erforderlich. Beispielsweise können bunte Plättchen auf einem Tisch in 3er-Gruppen zusammengeschoben werden, wobei die 3 Plättchen jeder Gruppe keine weiten Wege haben sollten. Alternativ kannst du Eierkartons mit Kastanien füllen, und dein Kind darf nur einen kurzen Blick hineinwerfen, um die Menge zu erfassen.

Leider lernen weder Erzieher noch Lehrerinnen etwas darüber, wie die dominante Wahrnehmung erkannt werden kann. Diese Grundlagen, die zusätzlich wichtig sind für die richtige Ansprache eines Schülers bzw. einer Schülerin, sind in der Psychotherapie seit über 40 Jahren durch NLP (Neurolinguistische Programmierung) hinlänglich bekannt. Im Schulalltag leider noch immer nicht.

Blick in die Praxis

Vor einigen Jahren rief mich eine Lehrerin aus Berlin an. Sie äußerte Bedenken bezüglich zweier Schülerinnen, die ihrer Meinung nach geistig beeinträchtigt sein könnten. Beide Mädchen vermieden den direkten Blickkontakt und schauten in verschiedene Richtungen, wenn sie Fragen beantworten sollten. Die eine starrte auf ihre Füße, die andere schaute zur Decke. Auf die Aufforderung der Lehrerin, sie anzusehen, blieben beide stumm. Ich erklärte der Lehrerin, dass das Mädchen, das auf die Füße schaut, wahrscheinlich schüchtern ist und dazu neigt, Gefühle zu zeigen, während das andere Mädchen, das zur Decke schaut, möglicherweise talentiert im Malen ist. Diese Einschätzung wurde überraschend bestätigt.

Ich erklärte weiter, dass das erste Mädchen wahrscheinlich eher haptisch-kinästhetisch lernt und daher seine Antworten im Gefühl sucht, was durch den Blick nach unten angezeigt wird. Das zweite Mädchen hingegen lernt visuell. Der Blick schräg nach rechts oder links oben öffnet die Tür zum visuellen Gedächtnis. Wenn die Mädchen jedoch geradeaus blicken, befinden sie sich auf der auditiven Ebene, wo sich die Augen zwischen den Ohren hin- und herbewegen. Hier fanden beide keine Antworten.

Es ist wichtig zu verstehen, dass diese Augenbewegungen autonom geschehen und nicht bewusst gesteuert werden können.

Die folgende Grafik gibt dir einen allgemeinen Hinweis über diese Zusammenhänge. Bei manchen Menschen sind die Seiten vertauscht. Daher bitte immer über gezielte Fragestellungen prüfen.

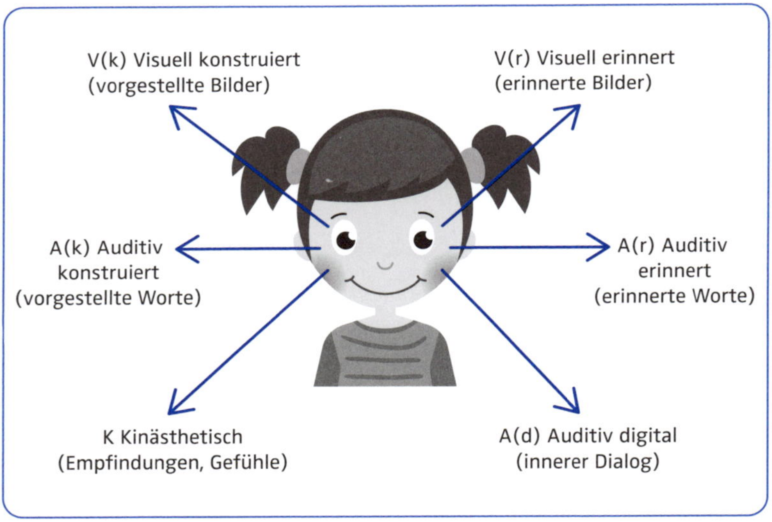

Auch sprachlich macht es einen Unterschied, ob ich sage „Stell dir das mal vor", „Wie hört sich das für dich an" – oder frage: „Begreifst du das?"

Wenn ein Kind eine Aufgabenstellung immer wieder nicht versteht, ist es wenig sinnvoll, diese mit den gleichen Worten zu wiederholen. Welche „Sprache" spricht dein Kind? Benutze seine Begriffswelt, dann wird es dich auch verstehen.

Wahrnehmungsdefizite erkennen

Die Einschätzung der Wahrnehmungsfähigkeiten deines Kindes muss nicht zwangsläufig durch teure Testverfahren einer Ärztin oder eines Psychologen erfolgen. Es gibt verschiedene Wege, um Anzeichen von Wahrnehmungsdefiziten zu erkennen, die zu Schulproblemen führen können. Hier sind einige praktische Ansätze:

1. Beobachtung

- Achte darauf, wie dein Kind auf verschiedene Sinnesreize reagiert. Zeigt es Überempfindlichkeit oder Unterempfindlichkeit gegenüber bestimmten Reizen wie Licht, Geräuschen oder Berührungen?
- Beobachte, wie es mit feinmotorischen Aufgaben umgeht wie z. B. beim Zeichnen, Schreiben oder Basteln.

2. Gespräche mit Lehrern und Erzieherinnen

Lehrer und Erzieherinnen haben oft Einblicke in das Verhalten deines Kindes in schulischen und sozialen Situationen. Sie können beobachtete Schwierigkeiten bei der Wahrnehmung mitteilen.

3. Gespräche mit deinem Kind

Sprich offen mit deinem Kind über seine Vorlieben, Abneigungen und Herausforderungen im Zusammenhang mit schulischen Aktivitäten. Frage nach, wie es sich in verschiedenen Umgebungen fühlt.

4. Selbsttests

Es gibt auch einige einfach durchzuführende Selbsttests oder Checklisten, die du online finden kannst. Diese bieten einen groben Überblick über mögliche Wahrnehmungsprobleme. Sehr gut gefällt mir der Schulreifetest auf schlaudino.com. Er erfasst alle wichtigen Bereiche der Wahrnehmung.

5. Hilfe von Fachleuten

Bei Unsicherheiten kann es sinnvoll sein, mit Fachleuten wie einem Schulpsychologen, einer Ergotherapeutin oder einem Lerntherapeuten zu sprechen. Diese Fachleute können gezielte Beobachtungen und Tests durchführen, um die Wahrnehmungsfähigkeiten deines Kindes zu bewerten.

Falls sich bei den genannten Ansätzen bei deinem Kind Anzeichen von Wahrnehmungsproblemen zeigen, kann eine professionelle Bewertung weitere Einblicke liefern und dazu beitragen, angemessene Unterstützung für dein Kind zu planen.

Darum höre auch genau hin, wenn dein Kind dir etwas erzählt. Hier bekommst du wichtige Hinweise.

- Spricht es deutlich oder fehlen Anfangs- bzw. Endlaute?
- Kann dein Kind mehrere Sätze sprechen und den Inhalt in einer logischen Reihenfolge erzählen oder musst du den „Wortsalat“ erst sortieren?
- Kann es sich Liedertexte gut merken? Spricht es Kinderreime gut nach? Oder bleibt es beim Singen und Reimen lieber still bzw. verwechselt Strophen?
- Hat es Probleme, Rhythmen nachzuklopfen?
- Spricht dein Kind Worte immer wieder falsch aus oder erfindet eigene?
- Hört es scheinbar schlecht zu und kann das Gehörte schlecht wiedergeben (wirkt fahrig und vergesslich)?
- Ist es unordentlich, findet also auch in seiner eigenen Ordnung Dinge nicht wieder?
- Weiß es beim Spielen mit anderen nie, wann es drankommt?
- Hat dein Kind kaum gekrabbelt, ist es dafür früh gelaufen?
- Rudert es beim Laufen oder Gehen mit den Armen oder stolpert es oft?
- Kann es nur schlecht klettern und fühlt sich unsicher auf unebenem oder schwankendem Boden und Treppen (liegt auch nicht gern in der Hängematte)?
- Verwechselt es Richtungsbezeichnungen?
- Kann es nur schwer rückwärtsgehen?
- Verliert es beim Fangenspielen leicht den Überblick?

- Ist es ein schlechter Turner, kann z. B. keine Rolle üben und nicht auf einer Linie gehen?
- Lernt dein Kind nur mühsam, Schleifen zu binden?
- Hat es Schwierigkeiten beim Anziehen – auch bei der Reihenfolge der Kleidungsstücke?
- Kann es nicht gut mit der Schere schneiden, Papier falten, Perlen aufziehen u. Ä.?
- Ist es draufgängerisch oder im Gegenteil überängstlich? Beide Extreme können mit der Köper- und Raumwahrnehmung zu tun haben.
- Hat es Probleme mit Zeiten wie z. B. Uhrzeiten, Wochentagen, gestern, heute, morgen?
- Malt es immer über den Rand bzw. beim Schreiben über die Linie?
- Verdreht es Zahlen und/oder Buchstaben in seiner Darstellung oder in der Reihenfolge?
- Mag oder mochte es im Vorschulalter nicht seinen Namen schreiben?
- Kann es nur schlecht „Fehlerbilder“ ankreuzen, weil es die Unterschiede nicht sieht?
- Kann es Muster weder richtig herum noch spiegelverkehrt richtig nachzeichnen?
- Bezeichnet es Farben oder Gegenstände mit den falschen Begriffen?
- Kann es Größen, Mengen und Entfernungen nur schlecht abschätzen?
- Ist es vollkommen aufmerksam und konzentriert bei Dingen, die es sehr interessieren, lässt sich sonst aber schnell ablenken?
- Wird es zappelig, wenn es lesen, schreiben oder rechnen soll?

Beobachte dein Kind bitte, ohne dass es sich beobachtet fühlt. So vermeidest du, es zu verunsichern.

Die meisten dieser Beobachtungen lassen sich bereits im Vorschulalter feststellen und sind auch im Grundschulalter hilfreich bei der Einschätzung von Wahrnehmungsdefiziten. Teile deine Beobachtungen mit der Lehrerin oder dem Erzieher und erkundige dich, ob ähnliche Auffälligkeiten in der Schule oder im Kindergarten bemerkt wurden.

Sinnvolle Experten-Tests

Kinder- und Jugendpsychologen führen oft den „Frostig-Test“ durch, der speziell auf die Erfassung der visuellen Wahrnehmung abzielt.

Ergänzend dazu wird häufig der „Göttinger Entwicklungstest der Taktil-Kinästhetischen Wahrnehmung“ verwendet, um auch diese Teilleistungen genauer zu untersuchen.

Das Erkennen von auditiven Störungen gestaltet sich etwas komplizierter. Ein HNO-Arzt bzw. -Ärztin untersucht in der Regel lediglich die allgemeine Hörfähigkeit. Eine genaue Untersuchung auf mögliche Defizite im Hörverstehen erfordert spezialisiertere Untersuchungen durch Fachleute.

Für den Vorschulbereich wird das Programm „Hören, lauschen, lernen“ von Dr. Petra Küspert und Wolfgang Schneider empfohlen. Dieses Programm zielt darauf ab, das Sprachbewusstsein zu fördern. Mit täglich nur 10 Minuten spielerischer Übungen über einen Zeitraum von 20 Wochen kann in Kindergärten oder zu Hause bereits ein solider Grundstein für den Schriftspracherwerb in der Schule gelegt werden.

Wahrnehmungstest für zu Hause

Folgende Übungen können dir helfen, dein Kind besser einzuschätzen und verstehen zu lernen. Er ist geeignet für Kinder ab Ende Klasse 1. Sprich dabei mit deinem Kind über seine Wahrnehmungen.

1. Optische Differenzierung

A. Formen erkennen: Wie viele Figuren erkennst du?

Lass dir von deinem Kind alle Figuren zeigen, die es sieht. Wie nennt es diese?

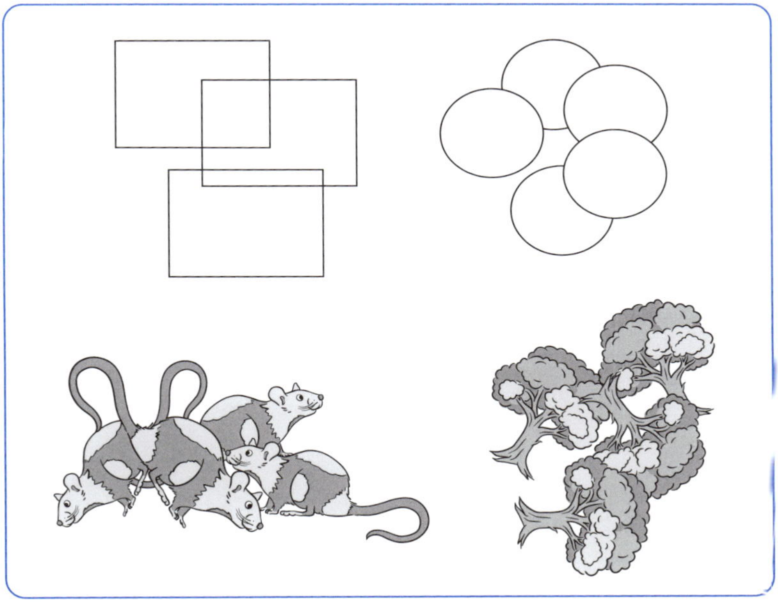

B. Buchstaben erkennen: Erkennst du den Unterschied?

Hier soll dein Kind dir erzählen, was ihm an den Buchstaben im rechten Feld auffällt.

A L M N B

P Q R Z G

1 5 7 9

C. Hierfür benutzt du ein Memory-Spiel
Lege von jedem Paar eine Karte aus. Die restlichen Karten bekommt dein Kind als Stapel in die Hand. Das Kind soll nun die passende Karte für das Paar dazu finden. Bei 18 Karten sollte es nicht mehr als 3 Minuten dafür benötigen.

2. Optisches Gedächtnis

Hierfür nimmst du ein klassisches Memory-Spiel. Braucht dein Kind sehr viele Wiederholungen der einzelnen Bildkarten? Es sollte jede Karte nach dem 3. Umdrehen zuordnen können (Kartenmenge 12 Karten).

3. Optische Serialität

Auch hier kannst du Bildkärtchen aus einem Memory-Spiel verwenden.
Lege 5 Kärtchen sichtbar in einer Reihe aus. Die dazu passenden 5 Karten erhält dein Kind als Stapel in die Hand. Es hat nun 1 Minute Zeit, sich die Bildfolge anzusehen. Dann drehst du die Karten um. Nun soll dein Kind mit seinen Karten aus der Hand die Reihe genau nachlegen.
Wenn es diese Übung fehlerfrei lösen kann, lege zwei Reihen à 4 Karten und wiederhole das Spiel. Es sollten nicht mehr als 2 Fehler auftreten.

4. Raumorientierung

A. Lass dein Kind aus Streichhölzern Figuren nachlegen.
Kann es dies auch, wenn es dir gegenübersitzt?
Dies geht auch als Übung zum Zeichnen: Zeichne auf kariertem Papier Formen vor oder nutze Vorlagen aus Vorschulheften.

B. Lass dein Kind Richtungen wie Rechts, Links, Oben, Unten, Hinten und Vorn benennen. Zuerst ist dein Kind selbst der Ausgangspunkt.
Stelle dich nun ihm gegenüber hin, sodass ihr euch anseht. Nun soll es berichten, wo für dich diese Richtungen liegen. Dies erfor-

dert die Fähigkeit, Rechts und Links auch aus anderen Blickrichtungen heraus in die richtigen Beziehungen zu bringen. Dies übt sich auch mit folgendem „Hase-Spiel“, das du beliebig um einige Plätze erweitern kannst:
„Wo ist der 2. Platz rechts von mir?“, fragt der Hase.

C. Lass dein Kind ankreuzen, welches die richtige Figur ist, wenn das Ausgangsbild einmal nach rechts gekippt wurde.

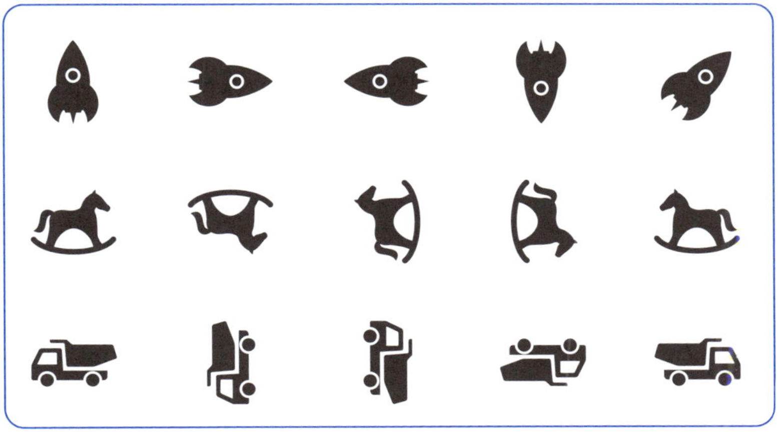

Du wirst schnell feststellen, wo dein Kind noch Schwierigkeiten hat. Versuche, diese Bereiche so oft wie möglich spielerisch zu üben.

5. Akustisches Gedächtnis

A. Lies deinem Kind folgende Zeile vor. Es soll diese dann wiederholen:
„Der Bär tanzt im Kreis“

B. Nun Zeile 2:
„Die Lisa isst ein Eis“ – dein Kind wiederholt nur diese Zeile.

C. Nun beide Zeilen:
„Der Bär tanz im Kreis,
die Lisa isst ein Eis“ – dein Kind wiederholt beide Zeilen.

D. Es folgt Zeile 3:
„Der Ben will auch Eis haben“ – nur diese Zeile wiederholen.

E. Nun Zeile 4:
„Der Baum ist voller Raben“ – nur diese Zeile wiederholen.

F. Zeile 3 und 4 zusammen:
„Der Ben will auch Eis haben,
der Baum ist voller Raben“ – dein Kind wiederholt beide Zeilen.

G. Nun werden erst die ersten beiden Zeilen, dann die letzten beiden Zeilen wiederholt.

H. Lies nun alle 4 Zeilen hintereinander weg. Das Kind spricht alle 4 Zeilen nach.

Ein Kind mit einer Teilleistungsstörung im akustischen Gedächtnis wird sich dabei schwertun und sich maximal zwei Zeilen merken können.

Merke: Kann dein Kind sich gut Reime und Kinderlieder merken? Dann brauchst du dir hier keine Sorgen zu machen. Leider wird mit Kindern heutzutage viel zu wenig gesungen, auch in Kitas. Dabei fördern Singen und Reimsprüche das akustische Gedächtnis.

6. Akustische Serialität

Klatsche oder klopfe die folgenden Rhythmen, dein Kind wiederholt.

1. klatsch – klatsch
2. klatschklatsch – klatsch
3. klatsch – klatschklatsch – klatsch
4. klatsch – klatsch – klatsch – klatschklatsch
5. klatsch – klatsch – klatschklatsch – klatschklatsch
6. klatschklatsch – klatsch – klatsch – klatsch – klatschklatsch – klatschklatsch
7. klatsch – klatschklatsch – klatsch – klatschklatsch – klatsch – klatsch – klatschklatsch

Ein Kind mit Schwierigkeiten in der akustischen Serialität wird möglicherweise nur eine Zeile eines Gedichts oder 3 bis 4 Klatschreihen bewältigen können. Ich habe Schüler, die können sich höchstens 2 Worte eines Satzes merken. Dies hat erhebliche Auswirkungen beim Schreiben eines Diktats und verlangsamt das Abschreiben von Texten und Aufgaben deutlich!

7. Phonologische Bewusstheit

Es ist wichtig, dass dein Kind am Ende von Klasse 1 über ein gutes Gefühl für Sprache verfügt und gesprochene Wörter richtig versteht, Buchstaben und Laute zuordnen kann und Worte richtig auf- und abbaut. Worte aufbauen heißt, dein Kind kann ein Wort vervollständigen, beim Abbauen kann es in der richtigen Reihenfolge Buchstaben wegnehmen. Das Lied „Auf der Mauer auf der Lauer“ beispielsweise übt den Wortauf- und -abbau spielerisch.
Hierzu einige Übungen. Erweitere diese gerne mit eigenen Beispielen:

A. Silben klatschen
   Ha-se (2 Klatscher)
   Maus (1 Klatscher)
   Schau-kel-stuhl (3 Klatscher)
   Wortbeispiele: Wüs-te, Do-se, Hemd, Tür-schild, Rech-nung, Raum-an-zug, As-tro-naut, Milch, Kat-ze, Do-sen-wurst, Klas-sen-leh-rer-in, Lo-ko-mo-ti-ve

B. Laute erkennen
Sprich bitte hier den Buchstaben „m“, nicht „em“, sondern „mmm“.
Wo hörst du ein „m“, am Wortanfang, im Wort oder am Wortende?
Turm, Maus, Mehl, Oma
Meinung, Hoffnung (!), Gemeinde
Blume, Mantel, Kostüm,
Hunger (!), Mahlzeit, Kamera
Wörter, die ich mit! markiert habe, enthalten ein n.
Kann dein Kind das erkennen?

C. Welche Wörter klingen ähnlich?
Tisch, Hut, Fisch
Hase, Hund, Nase
Maus, Haus, Hand
Glas, Tasse, Gras
Kuh, Ball, Schuh

D. Finde Reimwörter:
Was reimt sich auf
Mund, Tasse, Hose, Sand, Mutter, Traum

E. Was hörst du?
Was hörst du am Anfang?
Beispiel Ohr = o
Ampel, Igel, Ofen, Insel, Film, Pferd, Haus, Tasse, Dose, Hose
Was hörst du am Ende?
Mantel, Sofa, Tasse, Haus, Bub, Katze, Kind, Freund, paniert
wichtig: Bitte sprich deutlich, aber nicht unnormal.

F. Lautsynthese
Hier soll dein Kind Laute zusammenziehen.
Du lautierst: Ei-s, das Kind spricht „Eis“
S-ee, F-i-sch, Au-t-o, O-m-a, M-au-s, T-a-ss-e, Sch-u-l-e, A-r-m, O-p-a, N-o-t-e, T-u-r-m, O-f-e-n, E-n-t-e, S-a-l-a-t, I-n-s-e-l, S-ei-f-e, R-äu-b-e-r

Kann dein Kind auch vorgesprochene Wörter in Laute zerlegen? Probiert es doch einmal aus! Beispiel: Auto = Au-t-o, Birne = B-i-r-n-e

Dein Kind soll nicht buchstabieren, sondern den gesprochenen Laut verwenden. (Achtung: p wird nicht „pe“ gesprochen, f wird nicht „ef“ gesprochen. Es wird nicht der Name des Buchstaben genannt, sondern sein Laut.)

Wenn du feststellst, dass dein Kind einige dieser Übungen nur mit Schwierigkeiten schafft, solltest du das näher überprüfen lassen. Gerne empfehle ich dir mein Spiel „Vom Lesewurm zum Bücherwurm“ aus dem Verlag Lernspielkiste (siehe Seite 115). Es fördert diese Sprachkompetenzen spielerisch.

Frühkindliche Reflexe und Lernen

Wie die meisten Eltern und Lehrkräfte, hast du vermutlich noch nie von frühkindlichen Reflexen gehört. Dabei geht darum, dass unsere Handlungen von bewussten und unbewussten Reflexen beeinflusst werden. Für eine gesunde Entwicklung und gute Mitarbeit in der Schule braucht ein Kind eine gewisse neurologische Reife. Ist diese neurologische Reife nicht vorhanden, zeigt ein Kind Störungen in seinen Bewegungen und seinem Denken.

Das Weiterbestehen dieser sogenannten primitiven Reflexe aus der Zeit der Schwangerschaft und Geburt über einen normalen Zeitraum hinaus ist ein Zeichen für eine neurologische Unreife. Leider wird das bei Schuleingangsuntersuchungen oft nicht berücksichtigt. Kinderärzte und -ärztinnen schenken dem Thema leider auch wenig Aufmerksamkeit, selbst wenn es bereits im Vorschulalter Anzeichen für Verhaltensauffälligkeiten gibt und Entwicklungsverzögerungen vorliegen oder es bei der Geburt Probleme gegeben hat. Hat ein Kind Probleme, sich in den Schulalltag einzufügen, wird oft vorschnell die Diagnose ADS/ADHS gestellt.

Das Gehirn steuert unser Verhalten

Verschiedene Teile des Gehirns steuern viele Funktionen und Verhaltensweisen, teilweise ohne unsere direkte Beeinflussung. Damit du die Zusammenhänge von Lernstörungen und Verhalten besser verstehen kannst, hilft es, dass du einen groben Überblick über den Aufbau des Gehirns bekommst.

Der amerikanische Wissenschaftler Dr. Paul MacLean hat den Begriff des dreiteiligen Gehirns geprägt.

1. Zuunterst befindet sich das sogenannte Reptiliengehirn. Es ist verantwortlich für Selbsterhaltung, Atmung, Blutdruck, Körperreaktionen.
2. Darüber liegt das Limbische System mit der Amygdala. Es steuert Gefühle, vergleicht Erfahrungen und speichert Sinneseindrücke, die es teilweise zersplittert.
3. Im oberen Bereich des Gehirns finden wir die Großhirnrinde. Hier werden rationale Entscheidungen getroffen, es wird geplant und zielgerichtet gehandelt.

Alle drei Teile zusammen können, wenn die neurologische Reife entwickelt ist, Wahrnehmungen richtig einordnen, Gefühle beherrschen und planvoll reagieren. Ist das nicht der Fall, übernehmen das Reptiliengehirn oder das Limbische System die Steuerung. Die Handlungen sind nun nicht steuerbar und erfolgen reflexartig. Zum Beispiel, wenn du jemanden triffst, der deinem alten Mathelehrer ähnlich sieht. Dein Gehirn vergleicht unbewusst und deine Gefühle steuern automatisch. Das Ergebnis: „Blöder Typ. Achtung!“

Deine Großhirnrinde mit deinem Verstand kann nun gegenhalten. Du sagst dir: „Der sieht zwar aus wie der Mathelehrer, er kann jedoch trotzdem nett sein.“ Obwohl dich deine Gefühle, die immer stärker sind als die Logik, zur Achtsamkeit mahnen, gibst du der Person eine Chance. Wenn weiter bestehende primitive Reflexe im Spiel sind, bleiben wir jedoch bei der emotionalen Reaktion, ohne einen klaren Grund zu haben. Die Tür zum logischen Denken ist geschlossen. Hier sagt ein Kind zum Beispiel: „Will ich aber nicht!“, kann aber keinen Grund dafür angeben.

Neurologische Reifung und Lernen

Während sich ein Kind im Mutterleib entwickelt, entstehen eine Reihe von Reflexen, die normalerweise bei der Geburt vollständig ausgebildet sind. Diese Reflexe ermöglichen es dem Kind, durch den Geburtskanal zu kommen und danach an der Brust zu saugen.

In der Regel werden diese Reflexe in den ersten 6 bis 9 Monaten in fortgeschrittenere neurologische Muster umgewandelt. Bei Frühgeborenen, Kaiserschnittgeburten oder anderen besonderen Geburtsbedingungen können diese primitiven Reflexe möglicherweise nicht vollständig entwickelt und folglich nicht vollständig integriert werden. Dies führt in der Regel zu einer unvollständigen neurologischen Reife. Diese Unvollständigkeit kann zu Blockaden im Zentralnervensystem führen, die wiederum Auswirkungen auf die Körperhaltung, Aufmerksamkeit, Gedächtnisleistung und Motorik, insbesondere beim Schreiben, haben. Auch die Raumorientierung kann beeinträchtigt sein.

In Großbritannien ist es seit vielen Jahren in Kindergärten und Schulen üblich, spezielle Bewegungsübungen zur Förderung der neurologischen Reife durchzuführen. In Deutschland sind diese Übungen wenig bekannt und werden leider eher belächelt.

Reflexe und ihre Bedeutung beim Lernen

Einige Reflexe spielen eine bedeutende Rolle beim Lernen. Forscher und Forscherinnen haben festgestellt, dass diese Reflexe auch als Hindernisse für den Lernprozess wirken können.

Es ist auch wichtig zu beobachten, ob ein Kind in der Lage ist, sein Gleichgewicht statisch und in Bewegung zu halten. Ein gestörtes Gleichgewicht kann zu einer beeinträchtigten Raumwahrnehmung führen, was sich später in Mathematik und Schreibverhalten zeigt.

Das Gleichgewicht: Orientierung im Raum

Um ein Gleichgewichtsgefühl zu entwickeln, ist es entscheidend zu wissen, wo man sich jederzeit im Raum befindet und in welcher Haltung man das tut.

Bei uns Menschen dient der Kopf als maßgeblicher Bezugspunkt für den Gleichgewichtsmechanismus. Das Gehirn empfängt kontinuierlich Informationen über die Position des Kopfes in Bezug auf die Umgebung, den Rest des Körpers und den Zustand des körperlichen Stützapparats im Raum. Auf Grundlage dieser Informationen bildet das Gehirn ein Modell des Kopfes und des Körpers in Bezug auf sich selbst und die Umwelt.

Gleichgewichtsprobleme deuten auf eine Störung dieses Mechanismus hin, die sich auf vielfältige Weise manifestieren kann:

- gestörte Haltungskontrolle
- beeinträchtigte Koordination
- gestörter Richtungssinn
- Desorientierung
- Schwindelgefühle, Übelkeit und andere vegetative Symptome
- beeinträchtigte Steuerung der Augenbewegungen

Sich im Raum zu bewegen erfordert, dass unser Gehirn genau weiß, wo es sich befindet und wie es ausgerichtet ist. Eine ordnungsgemäße Richtungswahrnehmung ist also für kognitive Raumaktivitäten erforderlich. Eine Störung in diesem Bereich zeigt sich beispielsweise darin, dass ein Kind Symbole wie b und d, p und q, E und 3 oder 2 und 5 nicht korrekt unterscheiden kann oder sie verwechselt.

Kinder mit gestörtem Gleichgewichtsmechanismus und gestörter Raumwahrnehmung haben oft Schwierigkeiten mit der Vorstellung eines Zahlenraums, der Mengenerfassung und dem Verständnis von Umkehrungen in mathematischen Rechnungen wie Addition und Subtraktion sowie Multiplikation und Division. Diese Kinder neigen auch dazu, über den Rand des Blattes hinaus zu schreiben, da sie Schwierigkeiten haben, den verfügbaren Platz korrekt einzuschätzen.

Die Haltungskontrolle des Körpers ist eng mit drei wichtigen Wahrnehmungssystemen verbunden: dem Gleichgewicht, der unbewussten Wahrnehmung von Stellung, Bewegung und Lage im Raum und dem Sehen. Störungen in einem dieser Systeme oder in ihrer Koordination können die Wahrnehmungsprozesse im Gehirn beeinträchtigen, von denen alle höheren geistigen Fähigkeiten abhängen.

Nicht alle primitiven Reflexe beeinflussen das Lernen in gleicher Weise. Daher zeige ich dir, wie ihr Fortbestehen Blockaden in neuronalen Funktionen hervorrufen kann. Hierbei verzichte ich auf Fachbegriffe, damit du die Zusammenhänge auch dann verstehst, wenn du nicht aus dem therapeutischen Bereich kommst.

Wenn für dein Kind eine ADHS-Diagnose vorliegt, prüfe bitte, ob dir einige der genannten Auffälligkeiten bekannt vorkommen. Leider wird die ADHS-Diagnose oft gestellt, ohne die frühkindlichen Reflexe zu berücksichtigen. Ritalin ist in manchen Fällen dann einfach wirkungslos. Der schwedische Psychiater Dr. Harald Blomberg beschreibt dies ausführlich in seinem Buch „Bewegungen, die heilen“. Im Anhang findest du dazu weitere empfehlenswerte Literatur.

Fortbestehende frühkindliche Reflexe können das Lernen behindern

Im Folgenden wirst du einige Reflexe kennenlernen. Ich werde mich kurzfassen, um den Rahmen des Buches nicht zu sprengen. Wenn ich sage, ein Reflex sei „integriert“, bedeutet das, dass er nicht mehr automatisch durch eine bestimmte Bewegung oder Berührung ausgelöst wird. Das Kind kann seine Aufmerksamkeit und seine Bewegungen nun bewusst steuern.

1. Der Furcht-Lähmungsreflex

Normalerweise wird dieser Reflex vor der 12. Schwangerschaftswoche in den Moro-Reflex integriert. Es handelt sich um einen Rückzugs-Lähmungsreflex, der sich durch eine schnelle Reaktion auf Berührung auszeichnet. Stelle dir ein Kaninchen vor, das vor Furcht wie gelähmt hocken bleibt. Der Reflex wird durch eine seitliche Berührung am

Mund ausgelöst. Wenn er bestehen bleibt, ist in der Regel auch der Moro-Reflex weiterhin aktiv (den Moro-Reflex habe ich im nächsten Abschnitt erläutert).

Anzeichen für einen aktiven Furcht-Lähmungsreflex:

- Empfindlichkeiten gegenüber Licht, Berührung, Geruch, Geschmack, Stressanfälligkeit, Probleme beim Augenkontakt, Probleme mit dem Gleichgewicht, schreckhaft, gestörte Tiefensensibilität. Diese bedeutet, dass dein Kind automatisch spürt, wie sich sein Körper zur Umwelt verhält (z. B. aufrecht) und dies auch im Innern spüren kann.
- In der Schule: leicht ablenkbar, fehlende Aufmerksamkeit auf Details, Aufmerksamkeitsbündelung fällt schwer, ständig in Alarmbereitschaft, hat immer die Umgebung im Blick.

Da ein konstant erhöhter Adrenalinspiegel vorliegt, kann dies das Limbische System beeinflussen und zu einer generalisierten Angststörung führen.

2. Der Moro-Reflex

Der Moro-Reflex entwickelt sich ab der 12. Schwangerschaftswoche und sollte 4 Monate nach der Geburt integriert sein. Er ist im Mutterleib wichtig, um die Atemmuskeln des Fötus zu trainieren. Oft wird er gleich nach der Entbindung von der Hebamme ausgelöst, um die Atmung in Gang zu bringen.

Kommt ein Kind vor der 30. Schwangerschaftswoche zur Welt, wird dieser Reflex nicht richtig entwickelt und kann bei der Geburt nicht ausgelöst werden. Auslöser für diesen Reflex sind unangenehme Stimulationen verschiedener Sinne, einschließlich des Gleichgewichts-, Gehör-, Seh- und Tiefensinns.

Beispielsweise reagiert das Baby auf schnelle Veränderungen seiner Lage oder Kopfposition, laute Geräusche oder erschreckende visuelle Reize mit einem tiefen Atemzug, dem Strecken von Armen und Beinen, gefolgt von einem Zusammenziehen der Gliedmaßen zur

Körpermitte, ähnlich wie ein Igel, und mit Schreien. Eine erwachsene Schreckreaktion besteht dagegen aus dem schnellen Hochziehen der Schultern sowie einer Kopfdrehung, um die Quelle zu identifizieren.

Wenn die Hebamme das Baby leicht nach hinten fallen lässt, löst der Moro-Reflex die Atmung aus. Dieser Reflex ist ein Überlebensreflex.

Bleibt der Moro-Reflex bestehen, können Überempfindlichkeiten gegenüber Licht (aufgrund erweiterter Pupillen), Geräuschen, eine Neigung zum Schielen, Reisekrankheit sowie Überempfindlichkeiten gegenüber Berührungen und Lageveränderungen auftreten. Zusätzlich können Ängste, Gleichgewichts- und Koordinationsprobleme auftreten, begleitet von Wechseln zwischen Hyperaktivität und großer Müdigkeit.

Kinder mit fortdauerndem Moro-Reflex haben oft ein schwaches Selbstwertgefühl, sind empfindlich gegenüber Kritik und neigen zu sich wiederholenden Verhaltensmustern. Es ist für sie wichtig, dass alles immer auf die gleiche Weise geschieht und alles seinen festen Platz hat. Im Klassenverbund fühlen sich diese Kinder oft von den vorhandenen Reizen und den ständigen Veränderungen im Raum überfordert, was zu Schwierigkeiten bei der Konzentration führen kann. Im Sportunterricht fallen sie durch Ängste vor bestimmten Bewegungen auf.

3. Der Tonische Labyrinth-Reflex (TLR)

Der Tonische Labyrinth-Reflex ermöglicht dem Baby, sich nach der Geburt auf die neuen Schwerkraftverhältnisse einzustellen. Dabei wird der Muskeltonus trainiert, um Anspannung und Entspannung passend zu den Bewegungen auf die richtige Art und Weise zu ermöglichen. Das Kind kann sich beugen oder strecken. Im Mutterleib waren Kopf und Extremitäten zur Mitte gebeugt (TLR-vorwärts). Kurz vor der Geburt wird der TLR-rückwärts ausgebildet, damit das Baby sich strecken und durch den Geburtskanal bewegen kann. Der Reflex hilft auch, Gleichgewicht und Tiefensensibilität zu trainieren.

Bleibt der Reflex bestehen, können verschiedene Störungen der Koordination und Wahrnehmung auftreten:

- Das Kind hat Schwierigkeiten beim Einschätzen von Entfernungen, Geschwindigkeiten, Höhe und Tiefe, evtl. Höhenangst.
- Bei Kopfbewegungen wird der Gleichgewichtssinn gestört.
- Die Orientierung im Raum (und damit auch auf dem Blatt Papier) ist beeinträchtigt.
- Das Kind geht auf den Zehen und ist oft tollpatschig.
- Das Hochhalten des Kopfes fällt ihm schwer. In der Schule hat das Kind Schwierigkeiten mit logischen Reihen.
- Die Reihenfolge von Buchstaben und Wörtern im Satz ist problematisch.
- Ordnung zu halten ist kaum möglich.
- Abschreiben von der Tafel fällt schwer (Kopf heben).
- Das Kind hat kein Zeitgefühl.
- Es hat Dyskalkulie.

Der Tonische Labyrinth-Reflex kann nicht integriert werden, solange der Landau-Reflex noch aktiv ist. Der Landau-Reflex wirkt sich auf den Muskeltonus und die Körperhaltung aus, indem der Kopf verstärkt nach unten gerichtet ist und die Atmung behindert wird. Wenn sowohl der Landau-Reflex als auch der Tonische Labyrinth-Reflex noch vorhanden sind, kann es zu Hyperaktivität kommen.

Hier erkennst du den Zusammenhang zu einer falschen ADHS-Diagnose.

4. Symmetrisch-tonischer Nackenreflex (STNR)

Dieser Reflex ist wichtig für unsere Körperhaltung und die Kraftentwicklung in den Oberarmen. Er entwickelt sich im 5. Lebensmonat. Im 12. Monat des Kindes sollte er integriert sein.

Ist er weiterhin aktiv, kann das Kind nicht richtig auf einem Stuhl an einem Tisch sitzen. Es hängt „wie ein Schluck Wasser in der Kurve" und stützt sich oft ab, da es ihm schwerfällt, den Rücken gerade zu halten. Es liegt auf dem Tisch, legt den Kopf gerne neben das Heft und hat Probleme, mit den Augen bewegliche Dinge (Ball) zu fokussieren. Nah- und Fernsicht können beeinträchtigt sein, was sich auch auf das Lesen auswirkt. Da die Koordination von Ober- und Unterkörper schwerfällt und das Kind Schwierigkeiten hat, bei Bewegung gleichzeitig den Kopf nach hinten zu legen, lernt es nur schwer schwimmen. Auch die Rolle vorwärts fällt ihm schwer.

In der Schule fällt es auf durch Probleme

- im Lesen,
- im Schreiben,
- im Sport
- sowie durch eine schlechte, schlaffe Körperhaltung.

Durch die nach vorn gebeugte Haltung mit Blick nach unten wird die Atmung behindert. Dadurch werden für das Lernen und die Aufmerksamkeit wichtige Bereiche des Frontallappens der Großhirnrinde nicht ausreichend aktiviert. Dies passiert besonders dann, wenn das Kind gelangweilt oder gestresst ist. Es lohnt sich, bei Verdacht auf ADHS diesen Reflex ebenfalls näher zu betrachten.

5. Der asymetrisch-tonische Nackenreflex (ATNR)

Der ATNR bildet sich in der 18. Schwangerschaftswoche und sollte bis zum 6. Lebensmonat integriert sein. Wenn das Baby den Kopf zur Seite dreht, streckt es automatisch den gleichseitigen Arm. Über diesen Reflex beginnt sich die Augen-Hand-Koordination in den ersten Lebensmonaten zu entwickeln. Das Baby kann zu diesem Zeitpunkt noch nicht die Mittellinie kreuzen oder den Arm der Gegenseite vom Körper wegbewegen. Dreht es den Kopf nach rechts, muss der rechte Arm in Streckung gehen, während der linke Arm links am Körper angezogen bleibt.

Bleibt der Reflex bestehen, kommt es zu Störungen in der Kontrolle des Gleichgewichts. Das Kreuzen der Mittellinie, was beim Lesen und Schreiben wichtig ist, ist kaum möglich. Auch die Augen-Hand-Koordination ist betroffen, was sich grundlegend auf das Schreiben auswirkt. Oft findet man beim Fortbestehen dieses Reflexes Lese- und

Schreibstörungen aufgrund von Problemen mit den Augenbewegungen.

Wenn dein Kind ein Wort nicht vom Anlaut her liest, sondern aus der Mitte heraus oder von einem Buchstaben mit Hochstrich (wie f, h, t) im Wort, ist häufig der ATNR vorhanden. Auch Probleme beim Verschriftlichen eigener Gedanken, eine schlechte Handschrift, Unentschiedenheit in der Seitennutzung (mal rechte Hand, mal linke Hand) sowie Schwierigkeiten beim Werfen und Fangen (Ball mit den Augen verfolgen) können hier beobachtet werden.

6. Spinaler Galantreflex

Ein Weiterbestehen des Spinalen Galantreflexes kann zu Unruhe, Hyperaktivität, langjährigem Einnässen, Skoliose und einer Abneigung gegen das Sitzen auf einem Stuhl führen. Das Kind ist zappelig, da eine Berührung im Rücken den Reflex auslöst, und enge Kleidung empfindet es oft als unangenehm.

Beim Lernen fällt es auf durch eine schlechte Konzentrationsfähigkeit, ein geringes Arbeitsgedächtnis und Schwierigkeiten mit flüssigen Bewegungen.

Wenn dieser Reflex nicht integriert wird, kann dies zu einer Störung des Amphibienreflexes führen. Dieser lebenslange Reflex entwickelt sich nach der Geburt, zuerst in Bauchlage und später in Rückenlage. Die richtige Entwicklung ist wichtig, damit Arme und Beine unabhängig von der Kopfhaltung bewegt werden können. Der Amphibienreflex ermöglicht es Kindern beispielsweise, in den Vierfüßlerstand zu kommen. Wenn er sich nicht richtig entwickeln kann, bleibt der Unterkörper in seinen Bewegungen unbeholfen und schwerfällig, und die Beine sind oft angespannt.

Du siehst, die frühkindlichen Reflexe spielen eine große Rolle in der neurologischen Entwicklung und bedingen sich untereinander. Daher sollten sie bei einer Lernstörung oder Lernschwäche immer mitberücksichtigt werden.

Dazu haben Sally Goddard-Blythe und Peter Blythe, Entwickler der INPP-Methode, ein Screening und ein Reflexintegrationsprogramm entwickelt. In Großbritannien gehört es zum Standard in Kitas und Schulen, um Lernproblemen vorzubeugen.

Peter Blythe hat in langjährigen Untersuchungen festgestellt, dass es möglich ist, unzureichend erlebten Entwicklungsschritte durch Wiederholung nachzuholen. Jeder Reflex muss seine Aufgabe vollständig erfüllen, bevor er integriert werden kann. Dies geschieht unter anderem durch stereotype Bewegungen wie Wipp-Bewegungen im Fersensitz. So kann das Gehirn in den betroffenen Regionen nachreifen. Dabei ist es wichtig, den frühesten fortdauernden Reflex herauszufinden, um das individuelle Bewegungsprogramm zu starten. Auf diese Weise können alle betroffenen Reflexe in der richtigen Entwicklungsreihenfolge entwickelt und dann allmählich in die altersgemäßen Strukturen überführt werden.

Der schwedische Psychiater Dr. Harald Blomberg, der sich besonders mit dem Phänomen ADS/ADHS beschäftigt, ist zu ähnlichen Ergebnissen und Bewegungsübungen gekommen. Bei Verdacht auf ADS/ADHS empfiehlt es sich, ebenfalls zuerst die frühkindlichen Reflexe zu untersuchen, bevor das Gehirn des Kindes mit chemischen Mitteln behandelt wird. Weitere Informationen dazu findest du im Anhang dieses Buches.

Selbsttest für den Moro-Reflex bei Kindern zwischen 6 und 10 Jahren

Mit der folgenden Übung kannst du ermitteln, ob bei deinem Kind eventuell der Moro-Reflex noch nicht vollständig integriert wurde. Dies sollte jedoch immer von einem Fachtherapeuten bzw. einer -therapeutin für INPP oder RIT überprüft werden. INPP steht für Institute for Neuro-Physiological Psychology, RIT bedeutet Rhytmische Integrationstechnik. Beide Methoden untersuchen und behandeln fortbestehende frühkindliche Reflexe.

Dein Kind stellt sich mit dem Rücken zu dir hin. Die Hände faltet es wie zum Gebet vor der Brust zusammen. Den Kopf legt es in den Nacken. Die Augen werden geschlossen.

Nun soll sich dein Kind nach hinten in deine Arme fallen lassen.

Bewegen sich die Arme deines Kindes beim Fallen nach außen oder hat es generell Angst, sich fallen zu lassen, ist die Wahrscheinlichkeit hoch, dass der Moro-Reflex noch aktiv ist.

Übersicht über die Auswirkungen der Reflexe

Furcht-Lähmungsreflex	ablenkbar, Konzentrationsschwäche, ängstlich
Moro-Reflex	kritikempfindlich, Gleichgewicht, Konzentrationsschwäche
TLR	Lesen, Schreiben, Rechnen, Raumorientierung, Geschicklichkeit, Orientierung im Mengenraum, motorische Ruhe, Orientierung im Raum, Oben-Unten-Sicherheit, Ordnung
ATNR	Lesen, Schreiben, Dominanz von Auge, Ohr, Handmotorik, Schreibhaltung, Serialität, Körperkoordination und Überkreuzen der Mittellinie
STNR	Lesen, Schreiben, Rechnen, Raumorientierung, Geschicklichkeit, Orientierung im Mengenraum, motorische Ruhe, Orientierung im Raum, Oben-Unten-Sicherheit, Ordnung, Sitzhaltung
Spinaler Galantreflex	motorische Ruhe, Sitzhaltung, Konzentration, geringes Arbeitsgedächtnis

LRS ODER LEGASTHENIE – IST DAS NICHT DAS GLEICHE?

In der Schule, Lerntherapie und Literatur werden die Begriffe LRS und Legasthenie häufig verwendet, jedoch oft recht uneindeutig. Manchmal heißt es sogar, eine Legasthenie gäbe es gar nicht. Was ist denn nun was?

Es ist wichtig, diese Begriffe genauer zu durchleuchten, damit du verstehen kannst, womit du es bei deinem Kind zu tun hast und wie du es am besten unterstützen kannst. LRS ist die Abkürzung für Lese- und Rechtschreibstörung und ist nicht dasselbe wie das, was allgemein unter Legasthenie verstanden wird. Mit Legasthenie wird nämlich eine angeborene Störung des Lesens und/oder Schreibens bezeichnet.

Wenn das Rechnen betroffen ist, spricht man bei einer angeborenen Störung von Dyskalkulie. Eine Rechenschwäche muss jedoch nicht zwangsläufig eine Dyskalkulie sein, wenn man diese Unterscheidung zugrunde legt. Dyskalkulie, LRS sowie Legasthenie werden unter dem Oberbegriff der Lernstörung zusammengefasst.

Eine Studie der Uni Marburg, die 2004 veröffentlicht wurde, zeigt verschiedene genetische Faktoren, die für eine Lernstörung verantwortlich sein können. Andere Ursachen sind jedoch ebenfalls von Bedeutung. Schauen wir uns das einmal näher an.

Das versteht man unter einer LRS

Unter einer LRS wird allgemein eine Problematik mit dem Lesen und/oder Schreiben verstanden. Hierbei wird erst einmal kein Unterschied gemacht, ob die Ursachen auf Vererbung beruhen, also genetisch bedingt sind, oder ob andere Ursachen, die nach der Geburt eingetreten sind, für die Lernprobleme verantwortlich sind. Letztere nennen wir eine „erworbene LRS“. Diese sehen wir uns zuerst an.

Die erworbene LRS

Die erworbene LRS wird auch als Reiferückstand bezeichnet und sollte vor dem Erreichen des 3. Schuljahres aufgeholt sein, obwohl das nicht immer der Fall ist. Dieser Rückstand kann auch darauf zurückzuführen sein, dass frühkindliche Reflexe teilweise noch vorhanden sind und im Gehirn des Kindes wichtige Bereiche für das Lernen und die Persönlichkeitsentwicklung blockieren.

Die häufigste Ursache für eine erworbene LRS sind Ohrentzündungen im Kleinkindalter, durch die Laute nicht richtig gespeichert werden. Dein Kind kann dann z. B. nicht zwischen i und ü unterscheiden und g und k, d und t nicht richtig heraushören. Auch Sehfehler und Aufmerksamkeitsstörungen können Ursachen einer erworbenen LRS sein.

Gerade den Kindern mit einer gestörten Aufmerksamkeit fehlt die Fähigkeit, sich im Unterricht länger zu konzentrieren, was dazu führt, dass sie viele Lerninhalte verpassen und in Rückstand geraten. Das ständige Bedürfnis zu zappeln beeinträchtigt auch das Schreiben. Das Schriftbild leidet und es schleichen sich Flüchtigkeitsfehler ein.

Auch hypoaktive, also „unteraktive“ Kinder, die nicht besonders auffallen, da sie immer ruhig und zufrieden wirken, können eine LRS entwickeln. Diese Kinder benötigen regelmäßig neue Anreize, um sie aus ihrer überbetonten Ruhe und ihrem scheinbaren Desinteresse herauszulocken. Eine andere Form der Hypoaktivität entsteht durch zu viele Reize in der Umgebung und stellt eine Form von AD(H)S dar. In diesem Fall ziehen sich die Kinder nach innen zurück und können nur durch Ruhe und eine reizarme Umgebung unterstützt werden. Darauf werde ich im Kapitel „AD(H)S und Lernstörungen“ auf Seite 206 noch genauer eingehen.

Die durch die erworbene LRS verursachten Rechtschreibfehler entstehen hauptsächlich durch Unkenntnis des Wortes oder fehlendes Wissen von Regeln und durch Probleme in der Unterscheidung einzelner Laute. Besonders bei schwierigen Wörtern machen die Kinder häufig Fehler, während sie einfache und bekannte Wörter in der Regel korrekt schreiben. Bei einer biogenetischen LRS hingegen werden selbst bekannte und einfache Wörter immer wieder unterschiedlich geschrieben. Zur biogenetischen LRS erfährst du mehr im nächsten Kapitel ab Seite 67, da sie letztlich nur ein anderer Begriff für „Legasthenie“ ist.

Hilfe bei erworbener LRS

Kindern mit einer erworbenen LRS kann am besten durch liebevolle und geduldige Nachhilfe in den versäumten Bereichen geholfen werden. In einigen Fällen ist auch ein Training für weniger entwickelte Wahrnehmungsebenen erforderlich. Zum Beispiel könnte ein Hörtraining sinnvoll sein, wenn dein Kind in der Vorschule oft unter Ohrentzündungen gelitten hat und daher Schwierigkeiten hat, Laute klar zu unterscheiden.

Für das Üben zu Hause

A. Regelgeleitetes Rechtschreibtraining
Reine Rechtschreibfehler kannst du erfolgreich durch gezieltes Rechtschreibtraining beheben. Hier hat sich ein regelgeleitetes Training oft als hilfreich erwiesen. Dein Kind lernt, welche Regeln gelten, und übt, diese richtig anzuwenden.

B. Wortbilder speichern
Darüber hinaus ist es sinnvoll, mit deinem Kind das Visualisieren des Wortbildes zu üben. Hierfür benutzt du Wortkärtchen, die dein Kind sich kurz ansieht (Blick leicht nach oben). Nun soll es schnell sagen, was auf der Karte geschrieben stand. Beginne mit einfachen, einsilbigen Worten.

C. Wortaufbau trainieren
Mithilfe von Wortstammkärtchen könnt ihr den Wortaufbau trainieren. Dein Kind lernt, dass Vorsilben, Nachsilben und Endungen immer gleichbleiben. Eigenheiten der Wortstämme und ihre Schreibweisen werden in jede neue Zusammensetzung übernommen. Dazu findest du Material im Anhang.

D. Leseübungen mit farbigen Silben
Das Lesen mit Silbendruck, also zweifarbig, erleichtert es deinem Kind, Wortteile in kleineren Einheiten zu speichern. Gut automatisierte Silben können dann von deinem Kind zu neuen Wörtern zusammengesetzt werden, sowohl beim Lesen als auch beim Schreiben.

Das bedeutet Legasthenie

In Schulen wird trotz der Empfehlung der Kultusministerkonferenz von 1978 leider immer noch häufig von Legasthenie gesprochen. Dieser hartnäckige Begriff stammt aus dem Griechischen und bedeutet so viel wie „Leseschwäche“. Die Kultusministerkonferenz schlug vor, stattdessen von „besonderen Schwierigkeiten im Erlernen des Lesens und Rechtschreibens“ zu sprechen.

Also was ist Legasthenie? Der Bundesverband Legasthenie Deutschland definiert Legasthenie als eine umschriebene Störung im Erlernen der Schriftsprache, die nicht durch allgemeine Beeinträchtigungen der geistigen Entwicklung, des Milieus oder der Unterrichtsbedingungen erklärt werden kann. Vielmehr resultiert Legasthenie aus Teilleistungsschwächen in Wahrnehmung, Motorik und/oder sensorischer Integration. Letztere ist auch bekannt als zentrale Verarbeitung oder Wahrnehmung und meint das Zusammenspiel unterschiedlicher Sinnesqualitäten und -systeme im Gehirn. Diese Schwächen können auf angeborene Faktoren oder äußere schädliche Einflüsse zurückzuführen sein, die zu Entwicklungsstörungen im zentralen Nervensystem führen. Auch der Erste Österreichische Dachverband Legasthenie EÖDL kommt zu dieser Definition.

Interessanterweise wird Legasthenie (auch Dyslexie genannt) von der Weltgesundheitsorganisation (WHO) als psychische Krankheit unter ICD-10 (Entwicklungsstörungen F80-F89) eingestuft, obwohl es sich nicht um eine Krankheit handelt. In Deutschland erkennen die Krankenkassen Legasthenie nicht als solche an, was zur Folge hat, dass eine Förderung der Kinder auf Kosten der Krankenkassen nur sehr begrenzt ermöglicht ist, eventuell über eine Ergotherapie. Nicht alle Ergotherapeuten und -therapeutinnen sind aber automatisch auch Lerntherapeuten.

Der Begriff „Biogenetische LRS"

Der Begriff Legasthenie wird auch als „biogenetische LRS“ bezeichnet. Dies weist auf eine angeborene Veränderung in der Entwicklung bestimmter Nervenzellen hin, was zu Schwierigkeiten beim Erlernen des Lesens, Schreibens oder beidem führt.

Wenn ein Kind Probleme im mathematischen Bereich hat, spricht man von Dyskalkulie. Es ist wichtig zu unterscheiden, ob Schwierigkeiten durch angeborene Strukturen oder durch mangelnde Förderung der Basiskompetenzen im Kleinkind- und Vorschulalter oder anderweitige Ursachen entstehen, und das dann bei der Förderung zu berücksichtigen.

Ich persönlich meide den Begriff Legasthenie, wenn ein Kind Lernschwierigkeiten zeigt. Denn viele unterschiedliche Faktoren können dazu beitragen und eine alleinige Zuordnung zu biogenetischen oder erworbenen Ursachen ist nicht immer möglich.

Eigene Sicht auf die Welt

Kinder mit einer biogenetischen Lese-Rechtschreibschwäche haben sozusagen eine eigene Art, die Welt um sich herum wahrzunehmen. Ihre Sicht auf die Dinge kann in Sachen Hören, Sehen und/oder Berühren von der ihrer Mitschüler und -schülerinnen abweichen. Stell dir vor, sie sehen Buchstaben nicht einfach zweidimensional auf dem Papier, sondern eher verzerrt, verschattet oder in ständiger Bewegung. Da kann es schon mal schwierig werden, sich im Heft, in der Zeile oder auf der Lesebuchseite zurechtzufinden. Verschiedene Buchstaben und Zahlen, die ähnlich aussehen, sind dann nicht so leicht zu unterscheiden. Das Ganze ist bei jedem Kind unterschiedlich – eine bunte Mischung von Symptomen.

Diese besondere Wahrnehmung beeinflusst auch die emotionale Seite des Lernens. Das Kind entwickelt häufig ein „schlechtes Gefühl“ beim Lernen. Die Aufmerksamkeit des Kindes schweift dann ab, und es neigt dazu, Vermeidungsstrategien zu entwickeln, wie häufiger Toilettengang während des Lernens oder aus dem Fenster starren. Innerlich befindet es sich förmlich auf der Flucht, was zu Fehlern führen kann, wie dem Auslassen von Schlusslauten beim Schreiben oder dem Vertauschen von Buchstaben und Zahlen.

Wenn Kinder bei der Beschäftigung mit Buchstaben oder Zahlen so ein „komisches Gefühl“ haben, kann das zu unterschiedlichen Reaktionen führen. Manche werden unruhig, andere ziehen sich in sich selbst zurück. In einigen Fällen wird irrtümlicherweise ADS/ADHS diagnostiziert.

Diese Wahrnehmungsfehler können jedoch auch bei Kindern auftreten, die aus anderen Gründen Lernschwierigkeiten haben. Zum Beispiel kann eine gestörte Impulssteuerung aufgrund eines Geburtstraumas ebenfalls zu Verhaltensweisen führen, die zu Fehlern im Lesen, Schreiben oder Rechnen führen. Daher ist mir eine umfassende Diagnose besonders wichtig.

Der Begriff „Primärlegasthenie"

Auch wenn ich die in der Literatur zu diesem Thema verwendeten Begriffe für problematisch halte, wie im vorherigen Abschnitt erläutert, möchte ich sie dennoch genauer betrachten, da sie auch in einigen Ausbildungsgängen zum Lerntherapeuten/zur Lerntherapeutin vorkommen und du sie in der Beratung vielleicht zu hören bekommst. Es geht um Begriffe wie „Primärlegasthenie" oder „Sekundärlegasthenie".

Die Bezeichnung Primärlegasthenie wird verwendet, wenn ein Kind Fehler macht, die eindeutig auf eine Legasthenie (biogenetische LRS) zurückzuführen sind. In diesem Stadium sind die Persönlichkeit des Kindes, sein Verhalten und seine psychische Gesundheit noch stabil. Das Kind hat die Fehler noch nicht persönlich auf sich bezogen, fühlt sich seinen Kameraden gleichwertig und steht nicht unter besonderem Druck. Es geht oft trotz seiner Schwierigkeiten noch gerne zur Schule.

Leider führt eine nicht rechtzeitig erkannte und geförderte primäre Legasthenie oft zu verschiedenen psychischen und teilweise körperlichen Störungen. Das Kind beginnt, sich mit anderen zu vergleichen, und empfindet dabei einen Leistungsdruck, der sein Selbstwertgefühl mindert. Die anhaltende Belastung und fehlende Erfolgserlebnisse beeinträchtigen die Lebensfreude und dämpfen den Lernwillen. Manche Eltern machen den Fehler und fragen: „Warum versteht dein Freund das und du nicht?" Sie wissen es nicht besser, da sie niemand richtig berät.

Der Begriff „Sekundärlegasthenie"

Die nun entstehenden Folgen nennt man in der Fachliteratur „Sekundärlegasthenie". Dabei treten psychosomatische Symptome wie Bauch- oder Kopfschmerzen, Schwindelgefühle oder Ängste vor Lehrkräften, Fächern, der Schule, den Mitschülern und -schülerinnen usw. sowie allgemeine Unsicherheiten und Verhaltensänderungen auf. Manche Kinder werden plötzlich ruhig, andere ändern ständig ihr Verhalten und wirken launisch. Wieder andere werden zum Klassenclown oder neigen zu aggressivem Verhalten. Wenn diesen Entwicklungen nicht rechtzeitig entgegengewirkt wird, können sich aus depressiven Verstimmungen echte Depressionen entwickeln. Das Fehlverhalten wird automatisiert und führt zu langfristigen Problemen.

Darum ist es wichtig, dass du dein Kind und sein Verhalten besonders in den ersten zwei Schuljahren im Blick behältst. Wenn dein Kind morgens über Bauchschmerzen klagt, vor den Hausaufgaben Kopfschmerzen hat oder Vermeidungsstrategien entwickelt, dann stimmt etwas nicht.

Nicht immer sind Schulängste Hinweise auf eine Lernstörung. Es kann auch sein, dass ein Kind gemobbt wird. Leider kommt das nicht erst in späteren Jahrgängen, sondern sogar schon im Kindergarten und in der Grundschule vor.

Ich mag diese Begriffe und die dazu aufgeführten Erklärungen nicht besonders. Meiner Erfahrung nach kann auch eine erworbene LRS, die nicht behandelt wird, psychosomatische Störungen hervorrufen. Außerdem lassen sich die Ursachen einer Lernstörung nicht in schwarz-weiß nach erworbener oder biogenetischer LRS aufteilen. Häufig trifft einfach beides zusammen.

WIE PROFIS EINE LERNSTÖRUNG FESTSTELLEN

Die Diagnose einer Lernstörung ist ein komplexes Thema und gehört in die Hände von Fachleuten. Nur wenn du weißt, von welcher Lernstörung dein Kind betroffen ist, kannst du es auch sinnvoll unterstützen.

Schulen machen es sich nicht selten einfach. Bis zur Mitte der 4. Klasse werden Lernstörungen häufig durch Nichtbenotung kompensiert. Eine genaue Diagnose und spezifische Förderung finden oftmals nicht statt, zumal der Umgang mit Lernstörungen nicht Bestandteil der Lehrerausbildung ist.

Eltern erhalten häufig lediglich den Rat, mehr mit ihren Kindern zu üben, ohne konkrete Anleitungen dazu zu erhalten. Dieses Vorgehen ist jedoch wenig sinnvoll, da bisherige Methoden oft wenig erfolgreich waren.

Um effektiv üben zu können, sollte man wissen, wie genau das gehen soll. Kein Mechatroniker wechselt immer wieder nur die Zündkerzen aus, wenn der Motor nicht richtig läuft. Auch er benutzt Diagnosetools, um die genaue Ursache der Störung festzustellen und das Auto reparieren zu können. „Fahr einfach mal weiter, das wird sich schon geben“ wirst du von ihm nicht zu hören bekommen.

Die multiaxiale Diagnostik

Wow, das klingt kompliziert. Doch du wirst gleich verstehen, was mit diesem Begriff gemeint ist. Für eine gute und aussagefähige Diagnose müssen verschiedene Disziplinen zusammenarbeiten. Unterschiedliche Tests und Untersuchungen sind notwendig, um den Grund einer Lernstörung zu erforschen. Daran können Augenärzte, Hals-Nasen-Ohrenärztinnen, Logopäden, Kinder- und Jugendpsychologinnen und weitere Fachkräfte beteiligt sein.

Solch eine umfassende Untersuchung von Ärzten und Pädagoginnen in verschiedenen Bereichen wird als „multiaxiale Diagnostik" bezeichnet. Dabei überprüfen der Augenarzt und die Hals-Nasen-Ohrenärztin die Gesundheit der relevanten Organe, da Seh- und Hörfehler ebenfalls Ursachen für Lernprobleme sein können. Die Untersuchung des Innenohrs kann möglicherweise Aufschluss über Unsicherheiten in der Bewegung des Kindes geben, insbesondere, wenn das Gleichgewichtsorgan betroffen ist. Besondere Aufmerksamkeit gilt dabei den HNO-Erkrankungen im Vorschulalter.

Wenn dein Kind beispielsweise Polypen hatte oder häufig unter Ohrentzündungen litt, hat es Laute möglicherweise nicht richtig gespeichert. Das könnte dazu führen, dass dein Kind „Böle" statt „Beule" schreibt und die Länge eines betonten Vokals sowie Endlaute wie g/k, b/p, d/t fehlerhaft sind. Solche Fehler werden oft fälschlicherweise einer Legasthenie zugeschrieben, obwohl es sich um eine erworbene Lernstörung handelt. In diesem Fall benötigt dein Kind kein regelgeleitetes Rechtschreibtraining, sondern ein Hörtraining, beispielsweise nach der Methode von Johansen.

Österreichischer Test für individuelles Training

In Österreich wurde der sogenannte AFS-Test (Aufmerksamkeit, Funktion der Sinneswahrnehmung, Symptomatik) entwickelt, der allen Legasthenietrainern des EÖDL (Erster Österreichischer Dachverband Legasthenie) zur Verfügung steht. Diese sind auch in Deutschland und der Schweiz tätig.

Dieser Test ermöglicht es, sich einen Überblick über die für das Lernen relevanten Wahrnehmungsbereiche zu verschaffen:

- Aufmerksamkeit
- Optische Differenzierung (Unterschiede erkennen)
- Optisches Gedächtnis (Bilder merken)
- Optische Serialität (Bildreihenfolgen)
- Akustische Differenzierung (Hörverstehen, Lautunterscheidung)
- Akustisches Gedächtnis (Töne/Laute erinnern)
- Akustische Serialität (Tonreihenfolgen erinnern)
- Raumorientierung (Ausgangsbild einer gedrehten Variante richtig zuordnen)
- Körperschema (Körperteile richtig benennen, auch wenn die Person sich umdreht)

Ein Symptomfragebogen ergänzt diesen Test. Er wird online durchgeführt. Mit diesen Ergebnissen lässt sich nun ein individuell auf dein Kind abgestimmtes Training aufbauen, das zum einen die betroffenen Wahrnehmungen schult, zum anderen aber auch die schulischen Fertigkeiten mit den dazu passenden Methoden trainiert.

Es ist also wenig sinnvoll, nur einen IQ-Test (Intelligenz-Quotient) und einen Lese- und Rechtschreibtest durchzuführen, da eine einfache Nachhilfe im herkömmlichen Sinn nicht dauerhaft erfolgversprechend ist.

So wird in der Schule getestet

Wenn dein Kind in der Mitte von Klasse 4 angekommen ist, führt die Schule einen sogenannten Legasthenietest durch. Dieser ist in der Regel nur ein einfacher Lese- und Rechtschreibtest und kann eine echte LRS nicht wirklich feststellen.

In der 4. Klasse werden Lesetests und Rechtschreibtests durchgeführt, wie beispielsweise der DRT 4+ für die Rechtschreibung in Norddeutschland. Auch Stolperwörtertests für das Leseverständnis sind gelegentlich Bestandteil. Diese Tests sind jedoch Gruppentests und bieten nur begrenzte Einblicke in die Ursachen von Fehlern. Die 5-%-Grenze wird oft als Maßstab verwendet, um eine Legasthenie zu diagnostizieren, was jedoch eine oberflächliche und ungenaue Aussage sein kann.

In der Mitte und im Süden Deutschlands nutzen Schulen gerne den „Lernserver“, ein Portal für Screenings und Förderung, entwickelt von Prof. Dr. Friedrich Schönweiss von der Universität Münster. Diese Tests, bei denen die Kinder Lückendiktate ausfüllen, ermöglichen eine detaillierte Auswertung, einschließlich der Art der Fehler. Auf diese Weise können erste Schlüsse auf betroffene Wahrnehmungsebenen gezogen werden, und es können individualisierte Materialien für einzelne Schüler und Schülerinnen oder ganze Klassen erworben werden.

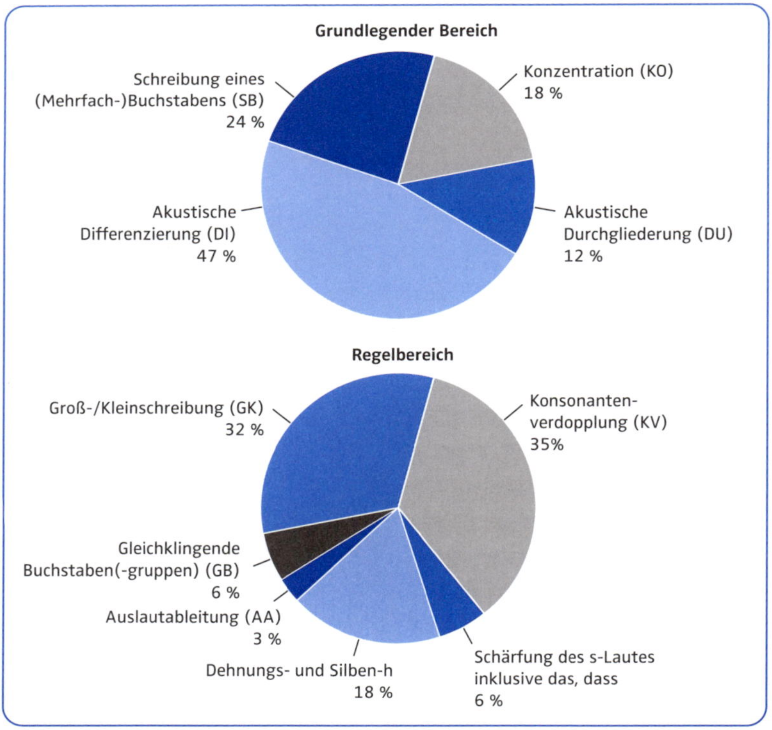

Grafische Darstellung der Fehlerverteilungen

Die grafische Auswertung der Münsteraner Rechtschreibanalyse (hier ein Ausschnitt) zeigt schnell, in welchen Bereichen ein Kind seine Fehler macht und gibt Hinweise zu betroffenen Wahrnehmungsbereichen.

Lieber schon in Klasse 2 testen

Warte bei Lernschwierigkeiten deines Kindes bitte nicht bis Klasse 4. Wenn dein Kind Mitte der 2. Klasse immer wieder Fehler in der Groß- und Kleinschreibung macht, Laute nicht richtig wiedergibt (ö statt ü, k statt g etc.) oder Endungen und Wortteile ganz weglässt, ist es Zeit, dass du dies genauer ansehen lässt. Auch wenn das Lesen noch immer nicht fließend funktioniert, sollten deine Alarmglocken klingeln.

Bei anhaltenden Lernschwierigkeiten solltest du dein Kind zu einem Kinder- und Jugendpsychologen bringen. Dieser führt zunächst einen Intelligenztest durch, begleitet von einer Verhaltensbeobachtung und einem Fragebogen, um festzustellen, ob eine Aufmerksamkeitsstörung vorliegt. Leider neigen einige Praxen zu vorschnellen Urteilen, da Unruhe und eine gestörte Aufmerksamkeit auch auf fortbestehenden frühkindlichen Reflexen beruhen können. Dazu habe ich dir schon einiges erzählt (siehe Seite 51).

Eine qualifizierte Praxis führt darüber hinaus Lese- und Rechtschreibtests oder andere normierte Testverfahren durch, möglicherweise auch den BAKO-Test zur Untersuchung des phonologischen Bewusstseins und der sprachlichen Gedächtnisleistung. Für eine effektive Förderung ist es entscheidend, Eltern, Lehrkräften und gegebenenfalls außerschulischen Förderkräften die genauen Auswertungen aller Untertests dieser Untersuchungen zur Verfügung zu stellen. Leider werden einige Eltern mit knappen Diagnosen abgespeist, die nur den sogenannten PR-Wert, also den Prozentrang der Leistung, ausweisen, was für niemanden wirklich hilfreich ist.

Unterschiedliche Regelungen je nach Bundesland

In einigen Bundesländern ist es den Schulen überlassen, ob sie Testergebnisse von Psychologen, Ärztinnen oder Lerntherapeuten anerkennen wollen. Die jeweiligen Erlasse der Bundesländer variieren stark, daher empfehle ich dir, diese für dein Bundesland zu überprüfen, um das richtige Vorgehen zu verstehen. Wie du nun bereits weißt, sind die von Schulen durchgeführten Tests in der Regel zu spät und nicht immer aussagekräftig.

Sinnvolle Tests für dein Kind

Warte nicht auf die Tests in der Schule. Diese kommen in der Regel viel zu spät. Wenn dein Kind mit dem Lernen Probleme hat, dann lasse bitte sofort die Ursachen untersuchen.

Die genannten Tests und Untersuchungen sind wichtige Instrumente, um Wahrnehmungsdefizite und mögliche Ursachen von Lernschwierigkeiten bei Kindern zu identifizieren. Für eine umfassende Diagnose ist es entscheidend, eine breite Palette von Aspekten zu berücksichtigen. Hier ist eine Zusammenfassung der Bereiche und Testverfahren, die in Erwägung gezogen werden sollten:

1. Untersuchung auf körperliche Beeinträchtigung
2. Untersuchung der Hirnfunktion
3. Logopädische Untersuchung und Untersuchung der Sprachentwicklung
4. Untersuchung grob- und feinmotorischer Fähigkeiten
5. Untersuchung der phonologischen Bewusstheit
6. Untersuchung des Hörens und des Sprachverständnisses
7. Wahrnehmungstests (z. B. AFS-Test, Frostig-Test)
8. Spezielle Tests zur Lese- und Schreibentwicklung (z. B. MRA, HLP, Züricher Leseprobe, BAKO)
9. Dyskalkulietest (z. B. ERT, EMBI, Kalkulie-Test)
10. Untersuchung ggf. persistierender frühkindlicher Reflexe (insbesondere bei Kaiserschnittgeburten)

Bielefelder Screening (BISC)

Für das Vorschulalter wird das Bielefelder Screening (BISC) empfohlen, das die Fähigkeiten der Kinder in Bezug auf Silben, Reime, betonte Vokale und andere Lautmerkmale von Wörtern analysiert. Die Ergebnisse werden grafisch dargestellt, und Kinder mit einem erhöhten Risiko für LRS können gezielt gefördert werden.

Institut für Bildungsmonitoring und Qualitätsentwicklung

Das Institut für Bildungsmonitoring und Qualitätsentwicklung in Hamburg bietet Schulen kostenlose Testverfahren zur Erfassung von Sprachstand, Lesen und Rechtschreibung an. Diese standardisierten Verfahren ermöglichen Lehrkräften regelmäßige Klassenscreenings, um mögliche Defizite schnell zu erkennen und darauf zu reagieren. Der Sprachentwicklungstest NESSI kann bereits in der 1. Klasse durchgeführt werden und unterstützt eine frühzeitige Beurteilung der Sprachentwicklung. Frag doch mal die Klassenlehrkraft deines Kindes, ob sie diese Testmöglichkeiten kennt und einsetzt. Viele Lehrkräfte sind über diese Möglichkeit gar nicht informiert.

GEMEINSAM FÜR EIN ZIEL

Es ist wichtig, dass Eltern, Lehrkräfte und Fachleute zusammenarbeiten, um eine umfassende und individualisierte Unterstützung für Kinder mit Lernschwierigkeiten zu ermöglichen.

Erste Hilfe bei Legasthenie

- Dokumentiere deine Selbstbeobachtung.
- Konsultiere euren Kinderarzt/eure Kinderärztin.
- Lass die Augen und Ohren deines Kindes untersuchen.
- Lass das Hörverstehen deines Kindes untersuchen (das macht der Pädaudiologe).
- Lass einen Wahrnehmungstest (z. B. AFS-Test, Bielefelder Screening je nach Alter) bei deinem Kind machen.
- Lass aussagekräftige Tests zum Lesen, Schreiben und Rechnen (siehe unter Diagnose einer Lernstörung) durchführen.

- Lass Teilleistungen testen.
- Lass ggf. eine neurologische Untersuchung (INPP/RIT) bei deinem Kind durchführen.
- Stärke dein Kind in seiner Persönlichkeit!
- Übe mit deinem Kind spielerisch.
- Lobe es oft, aber zeige auch klar und wertfrei die Fehler auf.

Frühzeitige Förderung stärkt das Selbstwertgefühl

Manche Eltern scheuen sich, fachlichen Rat anzunehmen. Sie machen sich Sorgen, dass ihr Kind als „geistig eingeschränkt“ angesehen werden könnte, wenn es im Lernen starke Defizite zeigt und eine Therapie nötig ist. Der Humangenetiker Prof. Dr. Tiemo Grimm von der Universität Würzburg, selbst von biogenetischer LRS betroffen, sagte dazu, dass man zwar immer Fehler machen werde. Aber man könne so weit lesen und schreiben lernen, dass die berufliche Laufbahn nicht gefährdet sei. Das beste Beispiel hierfür ist er selbst, der trotz Legasthenie Medizin studieren und Hochschullehrer werden konnte. Aber das ist nur möglich, wenn dem Kind rechtzeitig konkrete und individuell konzipierte Hilfe zuteilwird.

SPÄTFOLGEN BEI NICHTBEHANDELTER LRS

Wird die LRS oder Rechenschwäche nicht behandelt, kommt es unweigerlich zu psychischer Beeinträchtigung. Es ist nicht wichtig, wer wie von deinem Kind denkt. Aber es ist wichtig, wie dein Kind von sich selbst denkt. Wenn es schon im Schulalter glaubt, es sei zu dumm, zu langsam, nicht gleichwertig, dann werden ihm diese Überzeugungen ein Leben lang Probleme bereiten.

Frühzeitige Förderung spielt eine entscheidende Rolle, um das Selbstwertgefühl deines Kindes zu stärken. Durch verbesserte schulische

Leistungen und das Vermeiden des Gefühls des Versagens ändert sich langfristig die Selbstwahrnehmung deines Kindes, was sich positiv auf seine Zufriedenheit auswirken kann.

Einige Eltern definieren leider ihren eigenen Wert über ihr Kind. Ihr Selbstwertgefühl hängt stark von den Leistungen ihres Kindes ab. Sie rühmen sich gerne damit, was das Kind alles erreicht hat. Die Erwartungshaltungen an ihr Kind sind daher sehr hoch, und auftretende Probleme werden möglicherweise nicht erkannt oder verdrängt. Sei dir bitte bewusst: Eine solche Eltern-Kind-Beziehung überfordert Kinder im Allgemeinen. Sie bekommen schnell das Gefühl, nur für bestimmte Leistungen geliebt zu werden, was langfristig zu psychischen Störungen führen kann.

Frühe Diagnose und vernünftiges Material

Die Forschung von Dr. Helmut Breuer und Dr. Maria Weuffen, Professoren für pädagogische Psychologie, zeigt deutlich, wie wichtig es ist, frühzeitig auf Lernschwierigkeiten bei Kindern zu reagieren. In ihrem Buch „Lernschwierigkeiten am Schulanfang“ betonen sie, dass gut gemeinte Ratschläge, die darauf abzielen, die Probleme einfach auswachsen zu lassen, langfristig negative Auswirkungen haben können. Die Realität, so die Autoren, zeigt, dass solche Vertröstungen oft zu einer Verschärfung der Schwierigkeiten führen.

Helmut Breuer und Maria Weuffen weisen darauf hin, dass viele Fachleute dazu neigen, Eltern Geduld zu empfehlen und darauf zu hoffen, dass sich die Schwierigkeiten mit der Zeit von selbst lösen. Allerdings belegen Untersuchungen, dass nur etwa 8 % der betroffenen Kinder sich tatsächlich verbessern. Im Gegenteil verschlechtert sich bei 25 % der Kinder die Situation sogar nach der 1. Klasse, insbesondere, wenn ungeeignete Unterrichtsmethoden wie „Lesen durch Schreiben“, „Freies Schreiben“ oder die „Rechtschreibwerkstatt“ angewendet werden.

Die Professoren Dr. Gerhard Augst und Dr. Mechthild Dehn haben in ihrer Untersuchung an der Universität Hamburg herausgefunden, dass Kinder, die nach den genannten Methoden unterrichtet wurden, nicht nur in der Rechtschreibung schlechter abschnitten, sondern auch beim Verfassen freier Texte deutlich hinterherhinkten. Nach dem ersten Schulhalbjahr schrieben die Kinder mit traditionellem Fibelunterricht im Durchschnitt 22 Wörter pro Text, während diejenigen, die nach „Lesen durch Schreiben" unterrichtet wurden, nur etwa 10 Wörter pro Text schafften – und das oft mit katastrophaler Rechtschreibung.

Es ist erfreulich, dass viele Bundesländer mittlerweile solche Methoden verboten haben und zu einem regelgeleiteten Rechtschreibunterricht zurückkehren. Dennoch gibt es Raum für Verbesserungen, insbesondere in Bezug auf die frühzeitige Korrektur und die Betonung von langen und kurzen Vokalen, die die Grundlage für fast alle Rechtschreibregeln bilden. Denn letztendlich kann ein Wort nur richtig gelesen und verstanden werden, wenn es auch richtig betont wird.

Nicht jede Methode funktioniert für jedes Kind

Insbesondere, wenn dein Kind Schwierigkeiten beim Erlernen der Schriftsprache hat, ist es entscheidend, die im Unterricht verwendete Methode genauer zu betrachten. Nicht jede Methode ist für jedes Kind gleichermaßen geeignet. Es kann vorkommen, dass ein Geschwisterkind ohne biogenetische Lese-Rechtschreibschwäche (LRS) mit der „Rechtschreibwerkstatt" oder ähnlichen Ansätzen erfolgreich gelernt hat, während das Kind mit LRS dabei scheitert. Zögere nicht, dies auch in der Schule deutlich zu kommunizieren. Wissenschaftliche Überprüfungen haben die nachteiligen Auswirkungen solcher Methoden auf den schulischen Werdegang der Kinder bestätigt.

Nachdem die Diagnose gestellt wurde, kann das passende Training für dein Kind gefunden werden. Dies sollte in der Methodik vielseitig sein, um deinem Kind alle möglichen Förderwege zugänglich zu machen, und idealerweise als Einzeltraining gestaltet sein. Viele Institute werben für modernes Computertraining in Kleingruppen von bis zu drei Kindern, allerdings bin ich persönlich nicht besonders davon überzeugt. Oftmals werden die Kinder nach einer kurzen Einführung in das PC-Programm sich selbst überlassen. Ein notwendiges gedankliches und sprachliches Reflektieren der Übungen entfällt. Dieses wäre allerdings entscheidend für den Lernerfolg.

Für das Üben zu Hause
Falls dein Kind gerne am PC übt, empfehle ich Lernprogramme, die die Möglichkeit gemeinsamen Übens offenlassen. Das gibt dir als Elternteil die Möglichkeit, mit deinem Kind über die Lerninhalte zu sprechen und somit seinen Erfolg zu steigern. Persönlich bin ich eine Befürworterin der Alfons-Lernsoftware vom Westermann Verlag (Online-Version) bzw. Schroedel Verlag für die CD. Hier können Eltern und Kinder je nach Klassenstufe und Alter gemeinsam und mit Spaß üben. Selbst, wenn dein Kind allein am PC ist, werden alle Themen klar erklärt und die Übungen strukturiert aufgebaut. Inhalte, die in der Schule behandelt wurden, könnt ihr hier wiederholen und vertiefen.

So wird richtig gefördert

Ist eine LRS festgestellt worden, stellt sich als Nächstes die Frage: Was können wir tun?

Einige Autoren von LRS-Ratgebern erklären bestimmte Methoden für die Behandlung einer Lese-Rechtschreibstörung für unwirksam, weil es nicht genügend wissenschaftliche Belege für deren Wirksamkeit gibt. Im Gegenzug wird dann die eigene Methode als einzig hilfreich empfohlen. Diese Informationen können Eltern verunsichern. Was kannst du glauben und welche Schritte kannst du unternehmen?

Individuelle LRS – individuelle Methode

Denke bitte daran, dass jedes Kind seine individuelle LRS hat! Daher sollte auch die Methode, die deinem Kind helfen kann, individuell bestimmt werden. Es ist entscheidend, dass neben dem Einsatz aller körper- und wahrnehmungsorientierten Methoden immer auch an den Fehlern gearbeitet wird.

Das Lerntraining sollte ganzheitlich erfolgen. Es bringt wenig, wenn nur ein Rechtschreibprogramm wie das Marburger Rechtschreibtraining durchgeführt wird, ohne gleichzeitig an den fehlentwickelten Teilleistungen zu arbeiten und umgekehrt. Auch alleinige Anwendungen von NLP-Lernstrategien oder Kinesiologie werden nicht zur oft versprochenen schnellen Besserung führen. (NLP steht für Neurolinguistisches Programmieren und befasst sich mit der Verbindung von Wahrnehmung und Gefühl. Mit dieser Technik können Gefühle, die dem Lernen im Wege stehen, z. B. Ängste, gelöst und Lerninhalte leichter gespeichert werden.)

Eine Verknüpfung der Methoden kann deinem Kind neue Lernwelten öffnen, Fähigkeiten anders nutzbar machen, und nicht nur die Fehlerquote reduzieren, sondern auch das Selbstwertgefühl steigern.

Ich rate dir, skeptisch zu sein, wenn behauptet wird, dass eine LRS innerhalb eines 30-Stunden-Kurses geheilt werden kann. Eine biogenetische LRS ist *nicht* heilbar, schon gar nicht in „sensationell kurzer Zeit“.

Tägliches Üben ist wichtig

Ein Training, das einerseits die Teilleistungen schult, anderseits aber auch intensiv an den Fehlern arbeitet, dauert in der Regel mindestens ein Jahr. Bei schweren Fällen eher länger. Es nützt auch nicht viel, wenn dein Kind einmal in der Woche zu einer Lerntherapie geht und zu Hause weiter nichts unternommen wird. Die während der Therapie besprochenen Übungen und neuen Strategien sollten täglich umgesetzt werden, damit dein Kind damit langfristig anhaltende Erfolge erzielen kann. Wenn frühkindliche Reflexe eine Rolle spielen, dürfen die täglichen Übungen für die Nachreifung von Stammhirn und Kleinhirn nicht vernachlässigt werden.

In den Schulen wird leider oft unzureichende Unterstützung geboten, da sowohl die Zeit als auch das erforderliche Fachpersonal fehlen. Lehrer und Lehrerinnen sprechen mich immer wieder an, weil sie sich von Schülern mit Lese-Rechtschreibschwäche überfordert fühlen. In ihrer Lehrerausbildung wurden sie nicht auf diese Herausforderung vorbereitet, obwohl sie den Kindern gerne helfen möchten. Die Situation wird durch die Inklusion weiter verschärft, da Kinder mit unterschiedlichsten Bedürfnissen in zu großen Klassen von einer einzelnen Lehrkraft betreut und gefördert werden sollen – eine kaum leistbare Aufgabe.

Leider sind auch Schulbegleiter und -begleiterinnen nicht immer die ideale Lösung. Sie übernehmen häufig das Schreiben, und das Kind diktiert. Auf diese Weise wird ein Kind jedoch nie selbst richtig schreiben lernen. Es lernt, sich auf seinen Schwierigkeiten auszuruhen, und vertraut darauf, dass andere die unangenehmen und schwierigen Dinge erledigen.

Blick in die Praxis

So ging es in meiner Praxis mit Laura. Gewohnt, alle Texte zu diktieren (Laura konnte in Klasse 4 kaum selbst etwas schreiben), war sie überrascht, als ich sie zum Schreiben aufforderte. „In der Schule schreibt aber meine Schulbegleiterin für mich“, war ihre überraschte Antwort. Sie tat sich schwer, von dieser Bequemlichkeit zu lassen. „Ich kann das nicht“ war ein Satz, den ich häufig zu hören bekam.

Mit großem Einsatz, auch von ihrer Mutter, lernte sie schließlich, selbst zu schreiben. In Klasse 6 konnte sie kleine Referate erstellen. Ihr gelang später sogar der Hauptschulabschluss. Mit den begrenzten schulischen Maßnahmen hätte es nicht einmal für den Förderabschluss gereicht, wie mir ihre Mutter einmal mitteilte.

So stellen Profis eine Rechenschwäche fest

Bei der Feststellung einer Rechenschwäche wird genauso vorgegangen wie bei der Feststellung einer LRS. Es werden die gleichen allgemeinen Untersuchungen angestellt, die etwas über die Wahrnehmung deines Kindes aussagen. Seine Seh- und Hörfähigkeit sollten ebenfalls nicht vernachlässigt werden.

Gerade bei einer Rechenschwäche sind Untersuchungen zu den frühkindlichen Reflexen wichtig, da Störungen im Gleichgewicht und der Raumorientierung eine große Bedeutung haben für die mathematischen Fähigkeiten.

In den Praxen werden dann zusätzlich Rechentests eingesetzt. Diese sollten nicht nur feststellen, dass dein Kind bestimmte Aufgaben nicht lösen kann. Gerade in Mathe ist die Untersuchung der Vorläuferfähigkeiten von Bedeutung. Zu den Vorläuferfähigkeiten zählen z. B. die Fähigkeit, Gegenstände nach Form und Farbe zu sortieren, Mengenvergleiche und die Spontanerfassung der Mengen 3 und 4, ohne zu zählen, das Erkennen und Fortführen von Mustern, der Gebrauch von Zahlwörtern und das Unterscheiden von körperlichen Formen.

Ein Test, den dein Kind still bearbeitet, ist nicht aussagefähig. Der Testleiter sollte dein Kind genau nach seinen Gedankenwegen und Vorstellungen befragen:

- „Wie bist du zu dieser Lösung gekommen?“
- „Worüber hast du bei der Sortierung der Gegenstände nachgedacht?“

Übersicht: Diagnose der Rechenschwäche

Genauso wie bei der LRS ist eine genaue Diagnose wichtig, um dem betroffenen Kind aus seinen Schwierigkeiten heraushelfen zu können. Gerade Kinder mit einer Rechenschwäche sind darauf angewiesen, dass aufgedeckt wird, wo genau ihre Probleme beginnen.

Folgende Untersuchungen sollten durchgeführt werden:

- Raumwahrnehmung und Raumorientierung
- Räumliches Gedächtnis
- Visuelle Vorstellungsfähigkeit und visuelles Gedächtnis
- Test der sprachlichen und räumlichen Serialität
- Orientierung in der Zeit und Zeitplanung
- Buchstaben- und Symbolverständnis
- Test der Lesefähigkeit und des Textverständnisses
- Zahlenbegriffstest (testet die Zuordnung von Zahlenname und Zahlensymbol, die Zählfähigkeit und einfache Addition und Subtraktion)
- Numeriktest (testet das Mengenverständnis)
- Verständnis für geometrische Figuren
- Verhalten im Unterricht (Beobachtungsbericht durch die Lehrkraft)
- Arbeitsstrategien für die eigenen Aufgaben/Planungsfähigkeit (Beobachtungsbericht aus Elternhaus und Schule)

Die Deutsche Gesellschaft für Kinder- und Jugendpsychiatrie, Psychosomatik und Psychotherapie e.V. (DGKJP) empfiehlt folgende Untersuchungen:

- Tests zur Erfassung der Mathematikleistung (Basiskompetenzen, Grundrechenarten, Textaufgaben),
- Erfassung der Leistung im Bereich des visuell-räumlichen Arbeitsgedächtnisses,
- Erfassung der Leistung im Bereich der Handlungsfähigkeit in Bezug auf Rechenoperationen und
- die klinische Untersuchung einschließlich der körperlichen/neurologischen, sensorischen und intellektuellen Funktionen.

Wichtig: Rechenstrategien erkennen

Spätestens, wenn in der 3. Klasse festgestellt wird, dass ein Kind eine Rechenschwäche hat, ist es entscheidend, die selbstentwickelten Algorithmen aufzudecken, mit denen das Kind zu seinen Lösungen gelangt. Nur dann können konkrete Denkfehler erkannt und die richtigen Rechenwege erlernt werden.

Hier siehst du einige Beispiele:

Rechnung	Erklärung des Kindes
11 + 4 = 14	„Ich fange mit 11 an, dann 12, 13, 14“, (zählt an den Fingern ab, wobei der erste Finger „11“ genannt wird und hält nun 4 Finger hoch).
50 – 22 = 32	„5 – 2 = 3, 0 – 2 geht nicht, also muss ich umdrehen. 2 – 0 = 2, das Ergebnis ist 32.“
56 + 28 = 21	„5 + 2 = 7, 6 + 8 = 14, 7 + 14 = 21.“ (Stellenwerte nicht verstanden)
3 × 5 = 8	Das Malzeichen wird mit dem Pluszeichen verwechselt.
34 × 7 = 49	„3 × 7 = 21, 4 × 7 = 28, 21 + 28 = 49“ (Stellenwerte nicht verstanden)
42 056 : 8 = 67	„42 : 8 = 6, 0 zählt nicht, die kann ich auslassen, 56 : 8 = 7.“

Erst, wenn du weißt, wie dein Kind denkt, um zu seinen Lösungen zu kommen, kannst du es wirklich gut unterstützen!

Ich nutze gerne das Elementar-Mathematische Basis-Interview (EMBI) aus dem Mildenberger Verlag. Mit diesem umfangreichen Test werden nicht nur mathematische Kenntnisse, sondern auch die Vorläuferfunktionen erfasst. Die Kompetenzen werden in den Bereichen Zählen, Stellenwertverständnis, Rechenstrategien bei Addition und Subtraktion sowie bei der Multiplikation und Division erhoben. Die Kinder benutzen dabei ein umfangreiches Material. Der Test wird als Interview durchgeführt. Er erkennt nicht nur die Schwächen, sondern auch die Stärken des Kindes.

Auch der Jenaer Rechentest (JRT) vom Zentrum zur Therapie der Rechenschwäche arbeitet auf diese Weise und ist für eine Dyskalkuliediagnose zu empfehlen.

In den Schulen wird in der Regel der DEMAT nach Klassenstufe bzw. in Österreich der Eggenberger Rechtentest nach Klassenstufe eingesetzt. Diese Tests prüfen die schulischen Leistungen. Sie können erkennen lassen, dass ein Kind bestimmte Themenfelder nicht verstanden hat. Für die Diagnose einer Rechenschwäche sind sie aber nicht vollständig ausreichend. Mit ihnen kann jedoch eine Nachhilfe sinnvoll konzipiert werden.

SO KANNST DU DEINEM KIND BEI LRS HELFEN

Manche Kinder können schon im Kindergarten erste Worte lesen, andere haben noch in der Schule keine Freude daran. Wie kannst du frühzeitig eine Lernstörung erkennen? Und wie deinem Kind am besten helfen?

Es gibt Kinder, die schon im Kindergarten Spaß daran haben, ihren Namen und die Familienwörter Mama, Papa, Oma, Opa sowie die Namen der Haustiere schreiben zu lernen. Andere Kinder, zu denen gehörte mein älterer Sohn, verweigern sich der geschriebenen Sprache. „Ich habe keine Lust dazu" ist oft die Antwort auf „Wollen wir mal deinen Namen schreiben?"

In der Tat gibt es Kinder, deren Hirnentwicklung im Bereich der Sprache schon mehr neuronale Vernetzungen entwickelt hat als andere Kinder im gleichen Alter. Dies kann angeboren sein und mit der sprachlichen Intelligenz in Verbindung stehen. Möglichweise sind diese Kinder auch von ihren Eltern schon früh sprachlich gefördert worden. Doch diese leistungsorientierte Frühförderung wirkt sich nicht immer positiv aus. Sie kann auch dazu führen, dass Kinder sich unter Leistungsdruck gesetzt fühlen und glauben, die Liebe der Eltern nur durch Leistung gewinnen zu können. Daraus können sich dann Muster entwickeln, die stressfördernde Auswirkungen haben. Auch positive Beziehungen in einer späteren erwachsenen Partnerschaft werden durch das Liebe-durch-Leistung-Muster erschwert.

Mach dein Kind neugierig

Wenn dein Kind mit 5 Jahren noch wenig Interesse hat, die Welt der Wörter zu erkunden, dann lies ihm viel vor. Lass dein Kind erfahren, wie spannend Bücher sein können. Streu dabei ganz locker Fragen ein wie: „Findest du das Wort ‚Tom' hier irgendwo?" Jedes Kind ist eigentlich im Herzen ein Forscher oder eine Entdeckerin. Es ist nur wichtig, den richtigen Schlüssel für das Schloss zur Neugierde zu finden.

Vielleicht mag dein Kind zu der vorgelesenen Geschichte ein Bild malen. Das regt seine Fantasie an und fördert die bildhafte Wahrnehmung. Normalerweise aber reicht es aus, wenn dein Kind erst in der Schule die Buchstaben kennenlernt.

Für das Üben zu Hause

Im Vorschulalter können Kinder spielerisch die Formen der Buchstaben kennenlernen. Setze dich doch einfach mal an den Tisch und forme mit Knetmasse die Buchstaben deines Namens, während dein Kind sich im Raum aufhält. Bald wird die Frage kommen: „Was machst du da?" „Ich spiele ganz toll mit der Knete. Ich kann meinen Namen als bunte Schlangen und Bögen bauen. Möchtest du mitmachen? Zu zweit macht es noch mehr Spaß!" wäre eine motivierende Antwort. Sie enthält Wörter wie „Spielen", „toll" und „Spaß", die das Interesse von Kindern wecken.
Auch die Buchstabennudeln können spielerisch eingesetzt werden. Erzwinge aber bitte nichts. Nutze lieber Singen, Sprachspiele und Vorlesen, um dein Kind für Sprache zu interessieren.

Wie du Leseschwäche erkennen kannst

Wenn dein Kind in der Mitte von Klasse 2 noch Schwierigkeiten hat, Buchstaben zu Silben und Wörtern zusammenzuziehen, liegt wahrscheinlich eine Leseschwäche vor. Auch Stottern des Anlautes wie zum Beispiel T-T-T-Tom deutet darauf hin, dass hier erst eine Hürde überwunden werden muss, um das Wort zu erfassen.

Manche Kinder beginnen auch mit einem Buchstaben, der sich mitten im Wort befindet, und versuchen nun, irgendwie alle Buchstaben zusammenzubringen. Andere vertun sich in der Zeile und finden sich nicht gut im Text zurecht.

An manchen Tagen kann dein Kind ganz gut lesen, an anderen fällt es ihm sehr schwer. All das sind Hinweise auf eine Leseschwäche. Darum schauen wir uns die Sache mit dem Lesen und der Rechtschreibung in diesem Kapitel etwas näher an.

Es klappt nicht mit dem Lesen

Hat dein Kind Schwierigkeiten mit dem Lesen? Dann schau dir mal das Beispiel von Lena an. Findest du dein Kind ein bisschen darin wieder?

Blick in die Praxis

Lena ist in Klasse 2 im zweiten Halbjahr. Sie arbeitet in der Schule nur sehr langsam mit. Das Lesen bereitet ihr große Probleme. Sie braucht sehr lange, um eine Aufgabenstellung zu verstehen und dann umzusetzen. Alle anderen sind vor ihr fertig, was Lena sehr frustriert. Sie hat eigentlich keine Lust mehr, zur Schule zu gehen. Zu Hause braucht Lena fast doppelt so lange für die Hausaufgaben und ist schnell erschöpft. Sie klagt über Kopfschmerzen. Auch ihre schriftlichen Arbeiten sind häufig Anlass zu Ärger zu Hause. Sie hat Schwierigkeiten, die Zeilenvorgabe einzuhalten und quetscht oft den Rest noch in die Reihe. Auch beim Abschreiben von Texten macht Lena viele Fehler.

Die Schule hat in Absprache mit der Mutter einen Intelligenztest machen lassen, der ein gutes Ergebnis erbrachte. Die Lehrerin fordert Lenas Mutter auf, mehr mit Lena zu üben, doch Lena weigert sich inzwischen oft unter Tränen oder mit einem Wutausbruch.

Dies ist ein typisches Beispiel: Noch mehr Üben, was eh schon nicht funktioniert, vergrößert den Frust und das Gefühl, zu dumm zu sein – denn alle anderen können es ja. Besser wäre es, in Absprache mit der Schule weniger Hausaufgaben aufzugeben, dafür aber ganz gezielt auszuwählen und Lena mit speziellen Übungsprogrammen spielerisch zu unterstützen, damit sie die Freude und die Lust am Lernen wiederfindet. Die folgende kleine Übung könnte ein Anfang sein.

Eine kleine Übung für zu Hause

Du benötigst Wortkarten, auf denen die Wörter in zweifarbigen Silben dargestellt sind. Praktisch sind dafür die Wortkarten aus meinem Spiel „Vom Lesewurm zum Bücherwurm".

Wähle zuerst nur Wörter mit zwei Silben aus. Mach es aber nicht zu leicht, es dürfen gerne auch Wörter mit ie oder einer Doppelung vorkommen. Dein Kind benötigt ein Schreibheft und einen Stift. Du legst die Wortkarten auf einen Stuhl oder ein Schränkchen am anderen Ende des Zimmers. Dein Kind geht nun zu den Wortkarten, sieht sich die erste Wortkarte an und spricht die Silben dabei laut mit. Nun geht es zurück an seinen Platz und schreibt das Wort, wieder mit Mitsprechen der Silben, auf.

Hat es alle Kärtchen bearbeitet, holt es die Kärtchen an seinen Arbeitsplatz und vergleicht die gedruckten Wörter mit den geschriebenen Wörtern. Danach schaut ihr euch gemeinsam an, ob Fehler gemacht wurden. Die falsch geschriebenen Wörter kommen in die nächste Runde. Jetzt werden sie aber in richtiger Schreibung abgeschrieben, möglichst nicht nur einmal, sondern wenigstens eine ganze Zeile. Dabei spricht dein Kind immer im Silbenrhythmus mit.

Ohne Abstraktion geht es nicht

Dein Kind erwirbt Sprache größtenteils unbewusst. Es hört und wiederholt das Gehörte, ohne sich über den Prozess des Sprechens bewusst zu werden. Im Gegensatz dazu ist geschriebene Sprache jedoch etwas Abstraktes. Sie erfordert von den Kindern, abstrakt denken zu können.

Lesen und Schreiben sind demnach keine Fertigkeiten, die ein Kind völlig eigenständig erlernen kann, wie es manche Unterrichtsmethoden wie „Tinto" oder „Rechtschreibwerkstatt" möglicherweise suggerieren. Diverse Studien haben mittlerweile gezeigt, was passiert, wenn Kinder in der Anfangsphase des Schreibenlernens dazu ermutigt werden, selbstgesteuert und eigenaktiv mit Schrift zu experimentieren. Dabei sollen sie individuell die Schrift, den Weg zum korrekten Schreiben und letztendlich die Rechtschreibung „entdecken", wobei sie sämtliche Regeln der Rechtschreibung und Grammatik vorerst ignorieren dürfen.

Die Anzahl der Kinder mit schlechten Rechtschreibkenntnissen war bei Kindern, die nach der Methode Sommer-Stumpenhorst unterrichtet wurden, nach zwei Jahren nahezu fünfmal so hoch wie bei Kindern, die nach der „Lollipop-Fibel"-Methode unterrichtet wurden, wie eine Studie aus Marburg im Jahr 2004 zeigt. Bei der ersten Methode dürfen die Kinder fast zwei Jahre lange schreiben, wie sie sprechen. Da sie nicht deutlich sprechen, schreiben sie vieles falsch und prägen sich diese Falschschreibungen ein. Die Fibelmethode achtet dagegen von Anfang an auf die richtige Rechtschreibung.

Zusätzlich dazu wurde festgestellt, dass viele Kinder, die ursprünglich nicht als rechtschreibschwach eingestuft wurden, durch den Einsatz einer anderen Unterrichtsmethode bessere Ergebnisse hätten erzielen können.

Gute und schwache Leser

Von guten Lesern und Leserinnen ist bekannt, dass sie Buchstaben, Silben und ganze Wörter als Bilder und Lautfolgen schnell verinnerlichen und gleichzeitig die Sinnerfassung des Gelesenen stattfindet. Dies nennt sich „Parallelverarbeitung“ (siehe Seite 96). Leseschwache Kinder können dies nicht so einfach.

Du hast gerade erfahren, dass die Blickspanne eine Rolle spielen kann. Auch der Blicksprung (Sakkade), also die Fähigkeit, über Wortteile hin- und herzuspringen und an den richtigen Stellen (Fixpunkte) innezuhalten, kann gestört sein. Die Sprünge zwischen diesen Punkten sind kürzer. Sie bleiben aber auch oft länger an den Fixpunkten hängen und kommen nicht weiter.

Leseschwache Kinder haben außerdem mehr Rücksprünge ihres Blicks im Leseprozess. Schlechtere Leser und Leserinnen müssen sich Wörter darum oft mühsam erlesen und benötigen viel Zeit. Alle Kraft wird auf den Lesevorgang gerichtet. Der Inhalt kann darum oft nicht gleichzeitig erfasst werden. Wortbilder werden von leseschwachen Kindern häufig nicht oder nicht ausreichend gespeichert.

Strategien beim Lesenlernen

Für Lesen und Schreiben sind zwei grundlegende Strategien wichtig: das buchstabenweise Erlesen und das lautgerechte Schreiben. Für beide Strategien muss dein Kind in der Lage sein, Sprache zu analysieren. Beim lautgerechten Schreiben müssen Sätze in Wörter zerlegt, die Wörter in Einzellaute segmentiert und diese Einzellaute in der korrekten Reihenfolge erkannt werden. Diese Lautfolge muss dein Kind anschließend in Einzelbuchstaben zerlegen.

Um die korrekte Rechtschreibung zu erlernen, benötigt dein Kind die Fähigkeit, Regeln zu verstehen und diese an der richtigen Stelle und auf angemessene Weise anzuwenden. Darüber hinaus muss dein Kind Wortbauteile erkennen und flexibel einsetzen können.

Das Lesenlernen erfordert von deinem Kind, Buchstaben zu erkennen, die richtigen Laute zuzuordnen, die Laute miteinander zu verbinden und die Bedeutung des Wortes zu erschließen. Lernt dein Kind darüber hinaus weitere Lesestrategien, sind die Fähigkeiten, Silben und Wortteile bildlich zu erkennen, unabdingbar. Nur so kann es diese als Gliederungshilfen beim Lesen nutzen.

Hat dein Kind diese Anfangsfähigkeiten entwickelt, lernt es, mehrere Wörter auf einmal zu erfassen, zu erkennen und deren Bedeutung zu erschließen. Nun kann das flüssige Lesen von Texten beginnen.

Wann du aufmerken werden solltest

Ein unterschiedliches Tempo beim Erlernen dieser Fähigkeiten ist ganz normal. Grund zur Besorgnis besteht, wenn dein Kind anfängliche Schwierigkeiten nur mit erheblicher Verzögerung oder überhaupt nicht überwindet. Vielen Kindern gelingt es gerade in der Anfangszeit, Mängel durch Auswendiglernen zu verschleiern.

Wenn jedoch die Kluft zwischen den Lernanforderungen und der tatsächlichen Lernleistung zunimmt, ist es entscheidend, schnellstmöglich durch ein geeignetes Training Abhilfe zu schaffen.

Die Automatisierung des Lesens

Gutes oder schlechtes Lesen hängt zu einem großen Teil davon ab, wie gut das Lesen automatisiert wurde. Bereits im Jahr 1986 zeigte eine kanadische Lesestudie an Schülern der Klassenstufen 2 bis 4 die entscheidende Bedeutung dieser Leseautomatisierung. Dabei wurden sogenannte Pseudowörter gelesen, deren Buchstabenverbindungen den Regeln der deutschen Sprache folgten.

Gute Leser und Leserinnen benötigten unabhängig von der Klassenstufe für Buchstabenkombinationen die gleiche Lesezeit wie für Einzelbuchstaben. Im Gegensatz dazu wurde bei schlechten Lesern und

Leserinnen eine zunehmende Lesezeit festgestellt. Gute Leser können bis zu 4 Buchstaben gleichzeitig verarbeiten, während sich schlechte Leser jeden einzelnen Buchstaben erarbeiten müssen und dies nur nacheinander geschehen kann.

Für eine erfolgreiche Parallelverarbeitung müssen die einzelnen Verarbeitungsschritte jedoch gut automatisiert sein. Bei schlechten Lesern und Leserinnen zieht sich dieser Prozess bis in die Klasse 4 hinein, was zu einer erheblichen Beeinträchtigung des Leseprozesses und des Textverständnisses führt. Das Lesen wird für diese Kinder zu einem anstrengenden Prozess, während gute Leser und Leserinnen stundenlang mit Freude lesen können.

Obwohl schwache Leser und Leserinnen eigentlich intensiver üben müssten, zeigen Untersuchungen, dass sie stattdessen deutlich weniger und schon gar nicht freiwillig lesen. Dies markiert den Beginn eines Teufelskreises.

Viele Eltern glauben, Lesen in bebilderten Büchern würde ihrem Kind den Spaß am Lesen fördern und damit auch die Leseleistung verbessern. Leider zeigt sich jedoch, dass hierbei oft der gegenteilige Effekt erzielt wird: Die Leseleistung verschlechtert sich. Das Kind neigt dazu, sich vom Bild auf den Inhalt zu verlassen und überspringt dabei schwierigere Textstellen. Es versucht zu raten, was der Text vermutlich aussagen könnte.

Für das Üben zu Hause
So geht's besser: Wähle zum Lesen einen kurzen Text in Silbenfarben aus. Das ist ein Text, in dem die Farbe der Silben in jedem Wort abwechselnd rot oder blau gedruckt ist. So kann dein Kind die Wörter in kleinen Häppchen lesen. Ermuntere es, zu dem kurzen Text ein Bild zu malen. So lernt dein Kind nebenbei, Texte in innere Bilder umzuwandeln. Dies fördert das Textverständnis.

Lesen und Mathe

Besonders in Mathematik wird eine schwache Leseleistung schnell zu einem Problem: Dein Kind kann Textaufgaben nicht richtig verstehen. Es bekommt eine schlechte Note, weil es aus dem Text nicht die richtige Rechenaufgabe erstellen kann. Dabei hätte es die reine Rechenaufgabe ohne Text leicht lösen können.

Wenn die Automatisierung des Lesens mangelhaft ist, bleibt keine Kapazität für das Textverständnis übrig.

Die sogenannte Parallelverarbeitung

Beim Lesen werden zwei parallel verlaufende Fähigkeiten gefordert:

- das Erkennen und Verbinden einzelner Buchstaben zu Worten
- und das Erschließen des Textinhaltes.

Benötigt dein Kind jedoch zu viel Kapazität für den Leseprozess, wird die Sinnentnahme blockiert. Es kann den Text nicht verstehen.

Besonders schwerwiegend ist das, wenn wir bedenken, dass das fehlende Textverständnis fächerübergreifend fatale Folgen haben kann. Dies gilt nicht nur für Mathematik. In allen Fächern können schriftliche Aufgabenstellungen nicht richtig befolgt werden.

Richtig automatisieren

Prof. Dr. Richard M. Shiffrin und Prof. Dr. Walter Schneider von der Indiana University betonen, dass zwei wesentliche Voraussetzungen für eine erfolgreiche Automatisierung von Lernleistungen notwendig sind:

1. Ein Reiz wird immer mit dem gleichen Verhalten beantwortet.
2. Es findet eine ausreichende Anzahl von Wiederholungen statt.

Wenn eine dieser Voraussetzungen vernachlässigt wird, führt das zu einer deutlichen Verschlechterung der Lernleistung.

Um dies zu verdeutlichen: Ein Kind buchstabiert das Wort „Tasse“ laut und wiederholt es mehrmals, während es sich das Wort ansieht. Diese Wiederholung aktiviert wiederholt die gleichen Neuronen im Gehirn, es entsteht sozusagen eine „Spur“. Eine Verknüpfung zwischen dem Wortbild und der Sprache wird aufgebaut.

Nach einer kurzen Pause mit einer Ablenkung, wie zum Beispiel der Frage „Welche Farbe hat dein Pullover?“, wird das Kind gebeten, die Übung zu wiederholen. Wenn es nun in der Lage ist, das Wort „Tasse“ auswendig zu buchstabieren, gilt die Automatisierung als erfolgreich.

Wenn jedoch das Wort in kurzen Abständen auf unterschiedliche Weisen präsentiert wird, zum Beispiel mal buchstabiert, dann als Form dargestellt, dann auf den Rücken gemalt, entstehen verschiedene Spuren, die nichts miteinander zu tun haben. Das Lernen dauert länger und wird schwieriger. Manche Lerntherapeuten und -therapeutinnen gehen dennoch genau so vor, in der Annahme, dass das Lernen auf diese Weise ganzheitlich verläuft. Auch wenn der Ansatz lobenswert ist, ist er in diesem Fall leider nicht korrekt.

So machst du es richtig

In den Bereichen Lesen und Rechtschreibung ist es entscheidend, darauf zu achten, dass die Automatisierung über das visuelle Erkennen erfolgt. Andernfalls ist dein Kind gezwungen, sich alles aufzusagen, um die korrekte Schreibweise zu finden. Die auditive Methode, die auf dem Aufsagen basiert, ist seriell und daher umständlich sowie zeitaufwendig. Dies kann zu erheblichen Problemen führen. Die Automatisierung sollte das Wortbild einschließen und die Sprache mit dem Bild verknüpfen.

Für das Üben zu Hause
Diese Automatisierung kannst du durch Übungen erreichen, bei denen ein Wort zunächst mehrmals ganz normal von vorne nach hinten buchstabiert wird. Nach einer Pause oder in einer zweiten Trainingseinheit forderst du dein Kind dann auf, das Wort rückwärts aufzusagen. Dies ist nur möglich, wenn dein Kind ein klares inneres Bild des Wortes erstellen kann. Um dies richtig zu üben, hilft es, wenn dein Kind den Blick nach oben richtet, das Wort mit dem Finger in die Luft schreibt und dabei mitspricht. Dadurch übt es, das Bild des Wortes vor dem inneren Auge zu visualisieren. Anschließend „liest" es das Wort von dieser „Tafel" ab und kann das Wort auch rückwärts buchstabieren.
Dieser Ansatz gilt auch für Rechenaufgaben. Eine korrekte Lösung kann durch klare innere Bilder von Zahlenstrahlen und Mengenbildern erleichtert werden.

Es klappt nicht mit der Rechtschreibung

Wenn dein Kind eine kreative Rechtschreibung entwickelt hat, kann das verschiedene Ursachen haben. Kinder lernen in der Vorschulzeit Sprache dadurch, dass sie Erwachsenen und anderen Kindern zuhören und gleichzeitig von den Lippen lesen. Darum ist es so wichtig, dass du dein Kind beim Sprechen so oft wie möglich ansiehst.

Dein Kind verbindet gehörte Töne mit der Mimik des Gesichts, aber auch mit dem, was um es herum geschieht. Wenn ein Kind von 2 Jahren aus einem Handy, dem TV oder einem anderen Medium einen Glockenklang hört, schaut es sich im Raum um, wo sich diese Glocke befindet. Wenn unterschiedliche Töne, zum Beispiel das Klingeln der Glocke, das Schlagen mit dem Löffel an eine Tasse und das Rascheln von Papier, immer wieder aus dem gleichen Medium ertönen, wird dein Kind nicht lernen, was die natürliche Ursache dieser Geräusche ist. Besonders schwierig ist es, wenn ein Kind eine synchronisierte

Sendung im TV sieht. Dann stimmen die Lippenbewegungen nicht mit den Tönen überein. Eine mangelnde Sprachentwicklung kann also auch die Rechtschreibung massiv beeinträchtigen.

Im Kapitel „LRS oder Legasthenie – ist nicht das Gleiche?“ ab Seite 63 habe ich dir mehr über die Ursachen von Schwierigkeiten mit der Rechtschreibung erzählt. An dieser Stelle möchte ich dich erst einmal nur dafür sensibilisieren, dass gutes Lesen und gutes Schreiben miteinander Hand in Hand gehen.

In meiner Praxis habe ich häufig erlebt, dass Kinder mit vermeintlich guter Lesefähigkeit aber schlechter Rechtschreibung auch im Lesen bedeutende Fehler machen. Häufig verschlucken sie beim Lesen Laute in der Mitte oder am Ende eines Wortes. Diese werden in der Regel dann auch falsch oder gar nicht geschrieben.

Schlechtes Lesen führt zu schlechter Rechtschreibung

Viele Kinder mit mangelhafter Lesekompetenz versuchen, anhand der ersten beiden Buchstaben den Rest des Wortes zu erraten. Anschließend versucht das Kind, anhand der Reaktion des Lehrers oder eines Elternteils zu erkennen, ob es richtig lag. Selbst subtile Signale wie ein tiefer Atemzug, ein Augenzucken oder ein kaum merkliches Nicken reichen oft aus. Das Kind macht dann mit dem nächsten Wort weiter. Wenn ihm das richtige Wort vorgesagt wird, weil das zuvor Gelesene falsch war, kann es dies häufig bald auswendig aufsagen, ohne wirklich zu lesen. Durch das Auswendiglernen täuschen Kinder oft lange Zeit vor, lesen zu können.

Leider ist der heute in Schulen oft verwendete Übungsaufbau nicht optimal, um die Automatisierung des Lesens zu fördern. Bereits in Klasse 1 fühlen sich Kinder mit Teilleistungsstörungen überfordert. Sie machen Fehler, sind frustriert, und da nicht richtig und automatisierend geübt wird, kommen sie nur langsam und mühsam voran. Oft wird dann schnell zum nächsten Lernpunkt übergegangen, statt Wörter mitsprechend zu schreiben und oft zu wiederholen. Dabei wird von Kindern oft der nächste Lernschritt gefordert, bevor sie den vorherigen wirklich erbracht haben.

Wenn beim Lesen eine parallele Verarbeitung stattfindet, führt dies dazu, dass im Gehirn jedes einzelne Areal für die Buchstaben gleichzeitig aktiviert wird. Wenn beispielsweise das Wort „kommen" gelesen wird, entsteht auf diese Weise ein „Wortbild". Auch dieses wird gespeichert. Wenn das Kind nun ein Wort in der Schreibweise „komen" liest, erhält es das innere Signal „falsch". Weder das gespeicherte Wortbild noch die Reihenfolge der Einzelbuchstaben werden vom Gehirn als richtig zurückgemeldet.

Je öfter das richtige Wort gelesen und geschrieben wurde, desto sicherer wird das Wortbild im Gedächtnis abgespeichert. Gleichzeitig entwickelt sich ein Gefühl für das, was „richtig" ist. Das Wort wird also visuell, auditiv und kinästhetisch korrekt gespeichert. In diesem Fall haben wir tatsächlich ganzheitlich internalisierte Lerninhalte.

Kinder, die auf Ratestrategien und ähnliche Hilfsmittel zurückgreifen, sind jedoch nicht in der Lage, Wortbilder zu programmieren. In solchen Fällen hilft Lesen allein nicht, um die Rechtschreibung zu verbessern.

Diese Übungsregeln helfen deinem Kind

Damit dein Kind keine Schulängste entwickelt und sich dem Lernen nicht generell verschließt, ist es wichtig, dass es deine Liebe jederzeit spürt. Vielleicht hast du ja auch in der Schule Schwierigkeiten gehabt. Dann erzähle ihm ruhig von deinen Erfahrungen. Viele Prominente haben auch Lernstörungen erlebt. Wenn dein Kind sieht, dass man auch mit einer Lernstörung erfolgreich und berühmt werden kann, stärkt dies seine Motivation, mit dir gemeinsam zu üben. Mit diesen Übungsregeln gelingt es dir!

Wenn du dein Kind zu Hause richtig unterstützen möchtest, dann können dir die folgenden Regeln helfen, in guter Stimmung und mit Freude auf beiden Seiten bei der Sache zu sein. Wenn dein Kind frustriert ist, kann sein Gehirn nichts Neues lernen.

- Sprich mit deinem Kind über die Notwendigkeit, regelmäßige Übungsverabredungen zu treffen, die für beide (!) verbindlich sind.
- Sprich die Übungen mit der Schule und/oder dem Lerntherapeuten ab, damit ihr an einem Strang zieht. Der Therapeut bzw. die Therapeutin wird dir ggf. passendes Material empfehlen.
- Achte darauf, dass das Gesamtprogramm „Hausaufgaben plus Übungen" die Belastungsgrenze deines Kindes nicht sprengt. Eventuell lassen sich die Hausaufgabenmengen in Absprache mit der Schule reduzieren.
- Verabrede mit deinem Kind „Motivationsbonbons". Dies sind kleine Belohnungen, die zeitnah für gute Mitarbeit gegeben werden. Dies kann z. B. ein Kinobesuch oder ein kleines Spielzeug oder eine Extra-Vorlesezeit sein.
- Schimpfe dein Kind für die Fehler, die es macht, nicht aus. Die sind ja nicht mit Absicht geschehen, sondern, weil dein Kind es nicht besser kann. Fehler sind die beste Rückmeldung, um etwas richtig zu lernen.
- Sage stattdessen lieber: „Diese Schreibweise ist leider falsch. Doch das gibt uns jetzt die tolle Möglichkeit, die Geheimnisse dieses Wortes zu erforschen." Du erinnerst dich: Das Gehirn braucht die klare Falschmeldung, um neue Lösungen zu finden.
- Wenn dein Kind eine Erklärung nicht versteht, ist es wichtig, einen anderen Weg zum Erklären zu gehen, und nicht, dasselbe immer wieder zu wiederholen. Ändere deine Wortwahl, versuche es mit einer Zeichnung oder einer praktischen Vorführung. Oder frage das Kind: „Wie würdest du mir erklären, was du bisher verstanden hast?" Diese Frage kann dir dabei helfen, den Gedankengang deines Kindes nachzuvollziehen und darauf richtig zu reagieren.

- Frage ruhig mal: „Was kann ich tun, damit du es besser verstehst?“ und bleibe bei allem immer sachlich. Sätze wie „Du solltest die simplen Übungen endlich können, andere können es doch auch“ sind nicht hilfreich. Antwortet dein Kind: „Ich verstehe es besser, wenn Oma es erklärt“, dann sollte wirklich die Oma mit ihm üben. Das ist nicht persönlich gegen dich als Elternteil gerichtet.
- Lege eine kleine Pause ein, sobald du merkst, dass die Konzentration nachlässt. Tief ein- und ausatmen, aufstehen, etwas trinken, dann wieder anfangen. Auch Bewegung ist zwischendurch prima. Diese hilft dem Gehirn, Gelerntes zu integrieren.
- Lass dein Kind nach den Übungen und Hausaufgaben mit „Lernkram“ in Ruhe. Es sollte nun spielen und sich dabei viel bewegen.
- Auch wenn es dir manchmal schwerfällt: Bleib geduldig! Dein Kind muss wissen, dass du es auch dann liebst, wenn es etwas einfach noch immer nicht gelernt hat.

So macht Lesenlernen Spaß

Es ist sehr wichtig, dass du regelmäßig mit deinem Kind liest. Wenn es im Vorlesealter ist, lass es die Wörter betrachten, während du mit dem Finger unter dem Text entlangfährst. Eine leicht eingefärbte Leseschablone könnte ebenfalls hilfreich sein. Im ersten Lesealter motiviert auch abwechselndes Vorlesen. Stelle zwischendurch Fragen zum Gelesenen und bitte dein Kind, dir am nächsten Tag die Geschichte noch einmal zu erzählen. Auf diese Weise förderst du nicht nur sein Lese- und Textverständnis, sondern auch seine Fähigkeit, über Gelesenes nachzudenken.

Es ist entscheidend, dass dein Kind den Lesestoff in innere Bilder umsetzen kann, ihn im Langzeitgedächtnis speichert und in der richtigen Reihenfolge wiedergeben kann. Übe mit ihm, sich zu jedem Satz ein Bild oder einen kleinen Film im Kopf zu kreieren. Wenn Kinder visuell lernen, hilft dies, die Informationen schnell aus dem Gedächtnis abzurufen.

Vermeide es, direkt vor dem Schlafengehen mit dem Kind zu lesen, wenn es Leseschwierigkeiten hat und das Lesen noch emotional belastet ist. So vermeidest du negative Gefühle, die das Einschlafen erschweren können und möglicherweise sogar zu Albträumen führen. Gemeinsames Lesen am Nachmittag, zum Beispiel nach der Mittagspause, ist hilfreicher.

Doch du kannst gerne eine Gute-Nacht-Geschichte vorlesen. Zeige dabei ab und zu auf ein interessantes Wort und frage, was das denn heißt. Wenn dein Kind darauf eingeht, kannst du die Wortmenge langsam erhöhen und bald zu einem abwechselnden Lesen übergehen.

Abwechselnd laut lesen

Für leseschwache Kinder eignen sich Bücher mit einer Rollenverteilung. Auch absatzweises Abwechseln beim gemeinsamen Lesen lockert auf und fördert das Leseverständnis. Lies mit deinem Kind immer laut. So muss es mehrere Sinne benutzen, um das Gelesene zu erfassen und zu verstehen. Es erfasst den Text mit den Augen, wandelt ihn in gesprochene Sprache um und muss das Gehörte wiederum inhaltlich verstehen üben. Dies mag am Anfang noch schwerfallen. Beginne einfach mit satzweisem Lesen und sprich dann über den Inhalt des Satzes.

Auch das „Tandemlesen“ hilft leseschwachen Kindern. Bei dieser Methode lesen Kind und ein Erwachsener gleichzeitig. Du findest dazu Anleitungen und Beispiele auf Youtube. Auf dem Kanal von Beate Leßmann gibt es z. B. ein schönes Lesetandem-Erklärvideo für Kinder sowie weitere Beispiele.

Verwende dabei am besten Lesebücher, in denen die Wörter zweifarbig gedruckt sind und einzelne Silben hervorgehoben werden, wie zum Beispiel im „ABC der Tiere“ oder andere Bücher für Leseanfänger in zweifarbiger Schrift. Durch das rhythmische Sprechen und Klopfen oder Klatschen von Worten mit unterschiedlicher Silbenzahl (Buch, Ku-chen) wird die Fähigkeit zur Laut- und Silbenunterscheidung gefestigt. Wurden diese Übungen bereits im Vorschulbereich durchgeführt, haben die Kinder oft weniger Schwierigkeiten beim Lesen- und Schreibenlernen nach der Silbenmethode. Auch andere Methoden zum Lesenlernen profitieren davon.

Mit Quatschwörtern zum Erfolg

Besonders für Leseanfänger ist das Lesen von Quatschwörtern eine wichtige Übung. Dadurch wird vermieden, dass das Kind versucht, den Rest eines Wortes zu erraten. Dies unterstützt die Automatisierung und erschwert das Auswendiglernen eines mehrmals gehörten Textes erheblich. Außerdem machen die Quatschwörter richtig Spaß. Lest sie doch einmal mit einer unterschiedlichen Betonung. Wie klingt der Quatschsatz als Frage? Und wie klingt er als Befehl? Kennt dein Kind schon? und!?

Ein Quatschwörter-Beispiel:
De **Gu**bu **ku**met **na** Gun**tas**! Po**lib** ta **ni** tum **Han**u**mit**?
Wet **kus**met **al**to **Po**t**ero**, ko**so** pen **tu**ta **Ge**to**ban**.

Lesen lässt sich auch spielerisch und nebenbei fördern. Kochrezepte, Etikette von Verpackungen sowie Bau- und Spielanleitungen bieten eine ausgezeichnete Möglichkeit, das Lesen zu üben. Besonders Letztere sind effektiv, um das Gelesene zu verstehen, da eine Handlung gefordert wird, die ohne Textverständnis nicht möglich ist.

Ein weiterer kreativer Ansatz ist es, dass Kinder Bilder zum Inhalt des Gelesenen malen. Diese künstlerische Umsetzung von Texten trägt nicht nur zur Kreativität bei, sondern unterstützt auch das bessere Speichern von Inhalten.

Es ist wichtig, dass du mit Fehlern deines Kindes gelassen umgehst. Lobe es, wenn es etwas richtig gemacht hat, ohne dabei zu übertreiben. Auf diese Weise steigerst du das Gefühl für Erfolg und die Motivation deines Kindes. Selbst, wenn etwas falsch ist, kläre dies ruhig, aber frei von Vorwürfen oder negativen Untertönen, damit das Gehirn bereit ist, die falsche Strategie zu verwerfen.

Lass dein Kind aktiv an der Auswahl des Lesestoffs teilhaben. Themen, die besonders interessant sind, wecken die Lust am Lesen. In einer öffentlichen Bibliothek gibt es immer etwas Passendes zu entdecken. Gemeinsame Lesezeiten, bei denen zum Beispiel jeder für eine Viertelstunde in seinem Lieblingsbuch liest, fördern ein positives Leseklima.

Falls dein Kind jedoch partout nicht mit dir üben möchte, ist es besser, es nicht zu zwingen. In diesem Fall kann es hilfreich sein, jemanden von außen um Unterstützung zu bitten. Das kann beispielsweise ein Freund der Familie, die Oma oder Tante sein.

Eine überraschende Entdeckung

Siegbert Rudolph, der die Website „Lesekoch" betreibt, hat bei seinen Lesekindern eine interessante Entdeckung gemacht. Wurde den Kindern ein Text über Kopf gedruckt angeboten, fiel ihnen das Lesen plötzlich viel leichter. Weitere Untersuchungen brachten Siegbert Rudolph zu der Erkenntnis, dass die Blickspanne beim Lesen von links nach rechts bei leseschwachen Kindern oft zu kurz ist. Anscheinend ist die Blickspanne von rechts nach links größer. So können die Kinder Wörter, die auf dem Kopf stehen, besser in ihrer Gesamtheit erfassen.

Wenn dein Kind dazu neigt, den 3. Buchstaben eines Wortes vor dem 2. zu lesen, dann mach einmal den Versuch mit den auf dem Kopf stehenden Wörtern.

Wenn dein Kind dazu neigt, Wörter von rechts zu lesen, dann macht es gerne aus „im" „mit", aus „am" macht es „man" oder das kleine Wörtchen „ein" liest es als „nie". Außerdem versucht es, das Ende des Wortes gerne zu raten. Bei längeren Wörtern kommt es vor, dass es Teile, die weiter hinten stehen, beim Lesen nach vorne zieht. Diese Fehler macht es nicht permanent, jedoch überraschend häufig.

Siegbert Rudolph bietet auf seiner Website kostenloses Übungsmaterial und Lesevideos an (die Adresse findest du im Anhang).

5-Minuten-Augenübung

Mit der Wort-Turm-Methode kann dein Kind üben, die Blickspanne beim Lesen zu erweitern. So sieht das aus:

Ka	Tu	La
Kat	Tur	Lan
Katz	Turm	Land
Katze		Landha
		Landhau
		Landhaus

Rechtschreibung richtig üben

In der Schule sollen Rechtschreibfehler inzwischen von Beginn an markiert werden. Nur nützt das nicht viel, wenn nicht auch über die richtige Schreibweise gesprochen wird.

Hat ein Kind mit dem Lesen keine Probleme, seine Rechtschreibung ist jedoch eine Quelle der Überraschungen, ist es wichtig, diese gezielt zu verbessern. Dazu ist es notwendig, langsam und der Reihe nach alle Rechtschreibregeln und deren mögliche Ausnahmen durchzuarbeiten, auch wenn in der Schule etwas ganz anderes Thema ist.

Die Regeln erklären lassen

In der Regel wird mit den Hauptwörtern begonnen. Lass dein Kind erklären, woran es diese im Text erkennt oder wie es sich entscheidet, ob ein Wort großgeschrieben wird. Dies fällt rechtschreibschwachen Kindern schwer. Sie haben in der Schule meistens nicht verstanden, worum es geht und was warum zu tun ist.

Nimm dir bitte Zeit, sprich mit deinem Kind über alle Unklarheiten und gib anschauliche Beispiele. Wenn du selbst nicht so genau Bescheid weißt, findest du eine Menge hilfreiches Material im „Lernserver“ der Uni Münster. Hier werden alle Rechtschreibregeln genau erklärt. Damit kannst du sicher sein, nichts Falsches zu vermitteln.

Selbst die einfache Frage bei Google: „Warum schreibt man Katze mit tz?“ bringt euch weiter. Ganz besonders, wenn ihr solche Fragen gemeinsam eingebt. Allerdings muss nun auch die richtige Antwort entdeckt werden. Kostenlose gute Antworten zu Rechtschreibregeln gibt es u. a. bei „Sofatutor“.

Erst, wenn die Hauptwörter „sitzen“, geht es weiter: Verben, Adjektive, Umlaute, lange und kurze Vokale, Dehnungen und Schärfungen usw. Es ist immer wieder wichtig, das „Warum“ bzw. „Wann“ einer Rechtschreibregel genau zu erörtern und von deinem Kind in eigene Worte fassen zu lassen. Nur so kannst du feststellen, ob es den Sinn verstanden hat. Denke immer daran, nichts Ähnliches parallel zu üben, also kein „dass“ zusammen mit dem „das“. Das „dass“ hat eine wichtige grammatische Bedeutung und steht in keinem Zusammenhang mit dem „das“. Bringst du diese deinem Kind von Beginn an getrennt bei, kommt es gar nicht in die Schwierigkeit, die Wörter zu verwechseln.

Hat dein Kind auch Leseschwierigkeiten, so automatisiere zuerst die Buchstaben und Wortkenntnis der 1. Klassenstufe. Dieser, in der Regel lautgetreue, Wortschatz kann dann auch sicher geschrieben werden. Fahre dann mit Lese- und Schreibübungen anhand einer Fibel und dem dazu passenden Arbeitsbuch fort. Gehe dabei wie beschrieben auf die Rechtschreibregeln ein.

Errichte ein starkes Fundament

Bei Kindern ab Klasse 3 stößt das oft auf Erstaunen, auch viele Eltern verstehen nicht, warum so weit unten begonnen werden sollte. Doch ein Haus beginnst du auch nicht mit dem 1. Stock, sondern mit dem Fundament. Ohne gesichertes Fundament kann nichts darauf aufgebaut werden.

Auch, wenn es dir schwerfällt: Bestehe daher im Einzelfall auf eine Wiederholung einer Klassenstufe in der Grundschule! Das ist oft weniger schlimm, als ohne Grundkenntnisse in einer Lernwelt zu verharren, die immer weniger verstanden wird. Gib deinem Kind eine

Chance, dieses Fundament in Ruhe und in seiner eigenen Zeit aufzubauen.

Sprich immer deutlich

Eine Menge Schwierigkeiten können vermieden werden, wenn du von klein auf mit deinem Kind deutlich sprichst. Sagt es „der Vata", dann sprich ihm ein deutliches „er": Vat**er** vor. Die akustische Unterscheidung von Endungen, besonders „er", sollte früh geübt werden. Es gibt in der deutschen Sprache kaum Endungen mit „a"', jedoch viele mit „er".

Bei d, t, g, k hilft es oft, die Verlängerung vorzusprechen:
Er ist krank – der kranke Peter.
Es ist genug – das soll genügen.

Vielleicht fragst du dich jetzt, warum dein Kind zur Schule geht, wenn doch du es bist, die ihm alles beibringt. Nun, durch die Folgen der Inklusion und den großen Lehrermangel kann in der Schule oft nicht genug auf dein Kind eingegangen werden. Gestalte die gemeinsame Lernzeit weniger als eine lästige Pflicht – auch für dich selbst, sondern eher wie eine gemeinsame Zeit des Spielens und Entdeckens. So wachsen eure gute Beziehung und das Vertrauen deines Kindes in dich.

10-Minuten-Übungen für Lesen und Schreiben

Je nach Alter deines Kindes gibt es eine Reihe von kurzen Übungen, die du spielerisch durchführen kannst oder die einen Regennachmittag mit Spaß und Spannung versehen. Diese Spiele eignen sich auch für die Nachmittagsbetreuung in einem Hort.

ABC im Raum

Benötigt werden: Wortkärtchen, Buchstabenkärtchen
Die Wortkärtchen sollten recht kurze Wörter beinhalten wie:
Baum, Haus, Maus, Tisch, Wand, Mutter, Sohn, Katze, Hund, Auto, Garten etc.

Der erste Spieler zieht eine Wortkarte aus dem verdeckt liegenden Stapel.
Der Spieler geht im Raum umher und zeigt nacheinander auf verschiedene Gegenstände, deren Anfangsbuchstabe in dem Wort auf der Karte vorhanden ist – natürlich in der richtigen Reihenfolge. Fehlt ein Buchstabe, da kein Gegenstand passt, darf der Spieler am richtigen Platz eine Buchstabenkarte hochhalten. Die anderen müssen anhand der Anfangsbuchstaben dieser Gegenstände das zu ratende Wort erkennen.
Beispiel: Katze
Kissen, Arm (eines anderen Mitspielers), Tisch, Zeitung, E (hochhalten)

Lernzirkel

Benötigt werden: verschiedene Aufgaben, je nach Altersstufe
An verschiedenen Plätzen im Raum werden Aufgaben ausgelegt und dafür ggf. eine Zeit zur Bearbeitung abgesprochen. Zum Beispiel Aufgabenblätter für Hauptwörter mit „-keit“, Wörter zerlegen, Endlaute ergänzen oder auch Perlen auffädeln, ein Labyrinth zeichnen, ein Papier richtig falten, ein Fehlerbild lösen u. Ä.
Wenn du mit deinem Kind allein spielst, dann mach doch einfach mit. Hinterher vergleicht ihr eure Ergebnisse.

Wortbingo

Benötigt werden: ein Blatt Papier und ein Stift pro Spieler, eine kleine Tafel (ist keine Tafel da, kann der Buchstabe laut genannt werden. Die Spieler müssen ihn sich merken und vergleichen.)
Es wird die Länge des Wortes abgesprochen, welches sich jeder ausdenken darf.
Jeder schreibt sein Wort auf einen Zettel. Der Spielführer an der Tafel schreibt nun ganz durcheinander Buchstaben an. Wer einen in seinem Wort hat, darf ihn durchstreichen. Wer sein Wort zuerst vollständig durchgestrichen hat, ist Sieger bzw. Siegerin.
Alternative bei längeren Wörtern: Wer 4 Buchstaben durchgestrichen hat, hat gewonnen.

Die Vokalfrösche

Das Kind steht aufrecht im Raum, es ist der „Frosch“. Die Spielleitung liest nacheinander kurze Wörter vor, die mal einen langen, mal einen kurzen Vokal enthalten. Bei einem kurzen Vokal muss der „Frosch“ sich auf den Boden hocken, bei einem langen Vokal soll er hochspringen.

Bitte nicht dieser!

Ein Spieler sagt zum Beispiel: „Ich möchte verreisen, aber nicht nach O.“ Der andere macht nun einen Vorschlag, darf aber in seiner Antwort kein O benutzen. Sagt er „Fahre an die Nordsee“, bekommt er einen Minuspunkt oder muss einen Chip abgeben.
Die Spieler dürfen sich alles Mögliche an Herausforderungssätzen ausdenken, z. B. „Ich möchte etwas Obst essen, aber kein N“ oder „Ich spiele gerne mit Tieren, aber nicht mit A“.

Schreibmalerei

Benötigt werden: ein Blatt Papier, ein Stift
Es wird ein Gegenstand, eine Person oder ein Tier bestimmt. Dies wird nun mithilfe des Wortes gemalt.

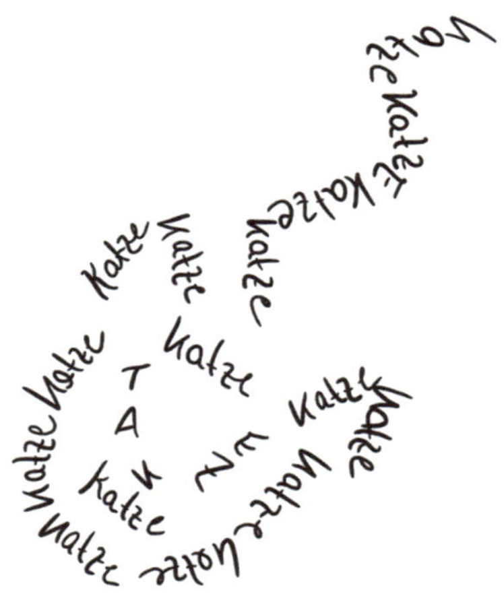

Beispiel für Schreibmalerei mit „Katze“

Buchstabentelegramm

Benötigt werden: ein Blatt Papier, ein Stift
Jeder Spieler verschickt ein Telegramm aus Großbuchstaben. Der Empfänger soll daraus einen sinnvollen Satz bilden, indem aus den Buchstaben Wörter in der exakten Reihenfolge gebildet werden.
Beispiel: TULSGIKG
Tom und Linus sind gestern ins Kino gegangen.
Oder als Telegramm-Version ohne Vokale:
Tm nd Lns snd gstrn ns Kn ggngn

Gerade bei der Telegrammversion lernt dein Kind auch strategisches Vorgehen.
Wenn es ein wenig hilflos den Buchstabensalat ansieht, dann frage: „Was könntest du tun, um die fehlenden Buchstaben zu finden?“
Du kannst als Hilfestellung auch Buchstabenkarten mit a, e, i, o, u, ei, ai, eu, äu, ä, ö, ü darauf auslegen. Ermuntere dein Kind, die Buchstaben nacheinander zu testen. In unserem Beispiel ist „Kino“ ein schweres Wort, da ein Vokal am Ende steht.

Wort und Zahl

Benötigt werden: ein Blatt Papier, ein Stift
Gesucht werden Wörter, in denen Wortteile durch Ziffern ersetzt wurden.
Beispiele: Ver8ung, 2samkeit, 4teln, ver2feln, an2feln, Kla4, 5linge, N8, H11er
Dein Kind sollte nun das Wort richtig vorlesen.
Lösung: Verachtung, Zweisamkeit, vierteln, verzweifeln, anzweifeln, Klavier, Fünflinge, Nacht, Helfer

Ableger

Benötigt werden: ein Blatt Papier, ein Stift
Du schreibst ein Wort auf den Zettel. Dein Kind darf nun das Wort in Stücke zerlegen. Aus diesen Wortstücken kann es jetzt neue Wörter bilden.
Beispiel: Küchenschrank
Tücher, **Ran**ke, Bu**ch**, **Tan**te usw.

Bild-Diktat

Benötigt werden: ein Blatt Papier, Buntstifte
Die Spielleitung diktiert, was die Spieler malen sollen.
Beispiel: „Auf dem Bild ist eine grüne Wiese. Darauf steht ein Baum. Unter dem Baum weidet ein Pferd. Am blauen Himmel sind weiße Schäfchenwolken. Rechts wächst eine rote Blume, links scheint die Sonne. Ein Vogel fliegt oberhalb des Baumes vorbei. Hinter dem Baum kann man die langen Ohren eines Hasen sehen."
Es kommt hier nicht darauf an, perfekt zu malen, sondern das Gehörte richtig zu verstehen und umzusetzen. Dabei werden auch die Raumorientierung und das akustische Gedächtnis geübt.

Übungen zur Sprachförderung

Die Fähigkeit, sich sprachlich ausdrücken zu können, hängt nicht nur von der richtigen Anwendung des Mundes und der Zunge ab, sondern auch von spielerischen Übungen, die dabei helfen, diese Fertigkeiten zu verbessern. Im Folgenden möchte ich dir einige kurzweilige Übungen vorstellen.

Achtsam üben mit diesen Grundregeln

- Begleite Spielhandlungen sprachlich, sei es beim Aufdecken von Karten und Benennen der Elemente oder beim Bewegen von Spielfiguren und Beschreiben des Zuges, zum Beispiel: „Ich ziehe meine Figur über die nächsten 5 Felder."
- Gemeinsames Lesen von Büchern und das Betrachten von Bildern können früh die sprachliche Entwicklung fördern. Lass dein Kind die Bildergeschichte in eigenen Worten wiedergeben.
- Schalte Radio und Fernseher aus oder reduziere die Ablenkungen, wenn du bewusst zuhören oder zuschauen möchtest. Besonders Kinder mit Lernschwierigkeiten kann zu viel Hintergrundlärm ablenken.
- Bewege dich draußen viel mit deinem Kind, sei es im eigenen Garten oder auf dem örtlichen Spielplatz. Ermutige es, den Schwierigkeitsgrad seiner Kletterübungen nach und nach zu steigern und biete ihn dabei Hilfe an.

- Schaukeln und Klettern fördern die räumliche Orientierung, was besonders für mathematische Fähigkeiten von Bedeutung ist.

Vermeide dabei bitte übermäßige Korrekturen und Kritik. Wiederhole falsche Wörter oder Sätze beiläufig auf die richtige Weise. So kann es die richtige Satzstellung und Aussprache ohne Druck annehmen. Ich erinnere mich daran, wie meine Englischkenntnisse während eines dreiwöchigen Aufenthalts bei meiner Brieffreundin in den USA mit der sanften Methode ihrer Großmutter verbessert wurden. Sie wiederholte einfach ruhig jeden Satz, den ich falsch ausgesprochen hatte, ohne weiteren Kommentar. Für diese liebevolle Art der Korrektur bin ich ihr sehr dankbar gewesen.

Fünf Übungen für zwischendurch

Mit diesen kleinen Übungen könnt ihr mit viel Spaß gemeinsam an den Sprach- und Sprechkompetenzen deines Kindes arbeiten. Sollte dein Kind lispeln, stottern oder einen Sprachfehler anderer Art haben, suche bitte eine Logopädiepraxis auf.

Saugübungen

Mit einem Strohhalm werden verschiedene Gegenstände angesaugt: Papier, Watte, Blätter, lange Wollfäden, Flohsteine (kleine Halbedelsteine), Erbsen, Bohnen, Smarties ...
Es macht auch Spaß, angesaugte Watte von einem Platz auf einen anderen zu transportieren. Bitte beachte: Angesaugtes muss unbedingt größer sein als die Öffnung des Strohhalms!

Pusteübungen

Übe Pusten mit deinem Kind: Watte pusten; Luftballons aufblasen; Seifenblasen pusten (hier wird das gezielte Ein- und Ausatmen geübt).
Mit einem Strohhalm in Seifenwasser blasen. Die Stärke des Blasens ergibt unterschiedliche Ergebnisse.

Zungenübungen

Zunge herausstrecken und hereinziehen, am Gaumen entlang streichen und dessen „Landkarte" erspüren, jeden Zahn berühren und ggf. so die Zähne zählen. Die Zunge in die Wangen drücken („Bonbonmund"). Dabei Sprechübungen machen (das ist sehr lustig).
Lippen in beide Richtungen ablecken, Kreise lecken etc.
Lippen über die Schneidezähne ziehen, die scharfen Zahnkanten erspüren.
Zungenrinne bilden oder Zunge aufrollen (die Rinne ist genetisch bedingt nicht jedem möglich).
Schnalzen und dabei unterschiedliche Töne erzeugen.

Robotersprache

Sprich alles in einzelnen Silben:
Der Ha-se hop-pelt schnell ü-ber die Wie-se.

Ganze Sätze sprechen

Führe Gespräche mit deinem Kind während eines Spaziergangs, beim Tischdecken, Anziehen, Einkaufen oder Spielen. Ermutige es dazu, vollständige Sätze zu verwenden, und frage nach, wenn die Erzählung etwas ungeordnet erscheint.
Eltern sind oft in der Lage zu verstehen, was gemeint ist, aber es ist wichtig, das Kind dazu anzuleiten, seine Gedanken zuerst zu ordnen und dann zu sprechen. Wichtig dabei: Lass deinem Kind die Zeit, die es braucht.

Stille Post spielen

Ein Gruppenspiel, bei dem der erste Spieler dem nächsten ein Wort oder einen kurzen Satz zuflüstert. Der Satz wird so nacheinander an alle Spieler weitergegeben. Der letzte wiederholt ihn laut. Ist alles richtig angekommen?
Fördert: Hörempfinden, akustisches Gedächtnis, akustische Serialität
Alter: ab 4 Jahre
Spieleranzahl: ab 5

Stille Post in Bewegung

Die Kinder stellen sich in einer Reihe hintereinander auf. Jeder schaut zum Rücken des Nächsten in der Reihe.
Kind 2 dreht sich zu Kind 1.
Kind 1 vollführt eine kleine Bewegungsfolge, z. B. Arme hoch-runter, um die Achse drehen, in die Hocke gehen, hochspringen.
Kind 2 soll sich das merken.
Es tippt nun Kind 3 an, welches sich umdreht.
Kind 2 „übergibt" die Bewegungsfolge an Kind 3.
So geht es durch die ganze Reihe.
Am Schluss zeigen Kind 1 und das letzte Kind seine Bewegungsfolge. Was ist angekommen?
Hier werden geübt: Gedächtnis, Raumorientierung, Serialität
Alter: ab 4 Jahre
Spieleranzahl: ab 5

Lernspiele aus dem Handel

Es gibt zahlreiche Spiele, die dein Kind darin unterstützen, seine Teilleistungen zu verbessern. Gemeinsames Spielen fördert darüber hinaus die sozialen Kompetenzen deines Kindes und den familiären Zusammenhalt. Im Folgenden habe ich einige Spiele für dich ausgewählt.
Die hier genannten Spiele fördern das Lesen, Schreiben und verschiedene Wahrnehmungsbereiche. Spiele zur Matheförderung findest du im Kapitel „Spielend rechnen lernen" ab Seite 192 zur Rechenschwäche.

Vom Lesewurm zum Bücherwurm – Verlag Lernspielkiste

Es gibt 2 Spielfelder, ein großes für 6 Spieler, so ähnlich wie „Mensch ärgere dich nicht", und ein Wettrennen für bis zu 3 Spieler auf der zweiten Seite der Spielfläche. Die Figuren werden durch Silbenlesen gezogen. Au-to-mat: Die Figur geht 3 Felder vor. Es muss beim Ziehen mitgesprochen werden. Auf Feldern mit einem Apfel und einem Wurm muss eine Frage richtig beantwortet werden, z. B.: Ist das U in Mutter kurz oder lang?

Fördert: Lesen, Sprechen, Rechtschreibung, Regeln, Phonologisches Bewusstsein
Alter: ab 7 Jahre bzw. ab Mitte Klasse 2
Ein Video zu diesem Spiel, das ich für meine Schüler entwickelt habe, findest du hier: https://youtu.be/6jSb2dPjlmA

Pfadfinder – Schmidt Spiele

Mithilfe der Spielkarten wird eine beliebige Landschaft ausgelegt, die von einem gelben zu einem roten Haus führt. Ein Weg führt durch diese Landschaft. Der jeweilige Spieler entscheidet, wie weit er mit seiner Spielfigur ziehen möchte. Nun muss er die Augen schließen und den Weg beschreiben. Bei jedem neuen Zug muss der Weg stets ganz von Beginn an beschrieben werden.
Fördert: das optische Gedächtnis und die akustische Serialität sowie die Sprachkompetenzen
Als Schreibübung ab Mitte Klasse 2: Eine kurze Wegstrecke wird gelegt und die Beschreibung des Weges aufgeschrieben.
Alter: ab 5 Jahre
Spielerzahl 2 bis 6 Spieler

Auto-Bingo – Schmidt-Spiele

Ein Spiel für unterwegs: Anstatt Zahlen werden hier Motive gesucht, die sich im Vorbeifahren in der Landschaft finden lassen. Wer 5 Motive in einer Reihe hat, ruft BINGO und gewinnt das Spiel.
Fördert: Konzentration, optische Differenzierung
Alter: ab 5 Jahre
Spieleranzahl: 1 bis 3

Differix – Ravensburger

Auf vier verschiedenen Legetafeln ist neunmal das gleiche Bild abgebildet – doch immer mit kleinen Veränderungen. Nun müssen die passenden Karten dazu sortiert werden. Dies erfordert jedoch, die Unterschiede zu entdecken. Mit Lösungsschablone.
Fördert: Konzentration und optische Differenzierung
Alter: ab 4 Jahre
Spieleranzahl: auch allein spielbar

Lotti-Gedächtnisspiel – Ravensburger

Das Spiel besteht aus sechs Hasen mit einem roten, weißen, schwarzen, blauen, grünen oder gelben Punkt unter den Füßen. Diese Hasen werden in die Hasengrube gestellt. Zusätzlich gibt es noch einen Haufen Möhren, auf denen Farbkombinationen abgebildet sind. Nun hat man die Wahl, Lotti als Memory zu spielen oder als Lotto.
Fördert: optisches Gedächtnis, optische Serialität
Alter: ab 4 Jahre
Spieleranzahl: 2 bis 4 Spieler

Nanu – Ravensburger

Unter 5 farbigen Deckeln verbergen sich 5 Bilder, jeder Deckel fasst ein Bild. Ein Farbwürfel bestimmt, was geraten werden muss. Was lag unter dem blauen Deckel? Wer richtig rät, darf das Bild behalten, ein neues kommt unter den leeren Deckel.
Fördert: optisches Gedächtnis
Alter: 4 bis 12 Jahre
Spieleranzahl: 2 bis 4 Spieler
Mit selbst erstellten Kärtchen kann man das Spiel ergänzen. Dadurch lassen sich dann so gut wie alle Buchstaben und Laute üben.

Wort für Wort – Ravensburger

Ein Spiel, das die ersten Schreibkenntnisse fördert. Es werden Buchstaben zu Wörtern gefügt und zum Bild sortiert.
Fördert: Sprachentwicklung, Lesetechnik und Konzentration
Alter: 6 bis 9 Jahre
Spieleranzahl: 1 bis 4 Spieler

Die freche Sprechhexe – Ravensburger

Finde die richtigen Zutaten für den Zaubertrank. Genaues Hinhören führt zum richtigen Kartenpaar für den geheimnisvollen Trank. Enthalten sind Wort- und Sprachspiele mit Reimwörtern und ähnlich klingenden Wörtern.
Fördert: Konzentration, phonologisches Bewusstsein
Alter: ab 4 Jahre

Wortgenie – MB, secondhand erhältlich

Dieses Spiel ist leider nur noch gebraucht erhältlich, es ist aber absolut empfehlenswert: Jeder Spieler wählt aus einem Kartenstapel eine Karte. Auf der Karte befinden sich Wörter im Koordinatensystem. Es gilt, diese Wörter durch Abfragen der Buchstaben und Eintragung in ein Kontrollfeld (ähnlich Schiffe versenken) zu erraten. Beispiel: Spieler 1: „Hast du e für mich?" Spieler 2: „Ja, ich habe e auf A2, C5 und G7." Spieler 1 trägt die Buchstaben ein. Nun fragt sein Mitspieler nach einem Buchstaben. Bald sind Wörter zu erkennen. Wer hat alle 6 Wörter zuerst erraten?
Fördert: Aufmerksamkeit, Raumorientierung, Wortkenntnis, Lesen, Rechtschreibung
Spieleranzahl: 2 Spieler

Magische Wörter – Piatnik

Bei diesem Spiel sollen Lautverschiebungen in Wörtern erkannt und gefunden werden.
Fördert: Konzentration, phonologisches Bewusstsein
Alter: ab 5 Jahren
Spieleranzahl: 2 Spieler

Hexentanz – FX Schmidt

Die Hexen treffen sich zur Walpurgisnacht. Doch alle Hexen sehen gleich aus. Nur, wenn man die kegelförmigen Figuren aufdeckt, kann man die wirkliche Farbe der Hexe erfahren. Der Spieler muss sich „seine" Hexe genau merken und durch das Spiel führen. Wer die Übersicht verliert, zieht leider mit einer falschen Hexe.
Fördert: optisches Gedächtnis, Serialität, Aufmerksamkeit
Alter: ab 8 Jahren
Spieleranzahl: 3 bis 6 Spieler

Tricky Fingers – verschiedene Anbieter

Das Spiel besteht aus Musterkarten und 2 Kästchen mit farbigen Kugeln. Nur mithilfe der Fingerspitzen werden die Kugeln in die auf den Musterkarten vorgegebenen Positionen balanciert.

Fördert: Feinmotorik, optische Differenzierung, Konzentration
Alter: 5 Jahren
Spieleranzahl: 2 Spieler

Vier gewinnt – (verschiedene Hersteller)

Es müssen farbige Plättchen oder Kugeln so platziert werden, dass 4 davon eine Reihe bilden. Der Mitspieler versucht, eine eigene Reihe zu schaffen und die des Gegners zu verhindern.
Fördert: Raumorientierung
Alter: ab 6 Jahre
Spieleranzahl: 2 Spieler

Twister – Hasbro

Es müssen mit allen verfügbaren Körperteilen farbige Markierungen auf einem großen Spielfeld, welches am Boden liegt, berührt werden.
Fördert: Raumorientierung, Körperwahrnehmung
Alter: ab 4 Jahre
Spieleranzahl: ab 2 Spieler

Boggle – Parker Spiele, gebraucht erhältlich

(Achte beim Kauf bitte darauf, die deutsche Ausgabe von Boggle zu kaufen. Hier sind die Buchstabenwürfel auf deutsche Wörter eingestellt.)
Es müssen Wörter gefunden werden, indem die Buchstaben auf den Würfeln kreuz und quer, jedoch ohne Sprünge, miteinander verbunden werden.
Fördert: Wortkenntnis, Rechtschreibung, Lesen, Raumorientierung, Serialität
Alter: ab 8 Jahre
Spieleranzahl: ab 2

Förderung am Computer

Die Motivation der Kinder, Übungen am PC durchzuführen, ist deutlich höher als bei Arbeitsblättern aus Papier. Viele Kinder ziehen es vor, zu tippen anstatt mit der Hand zu schreiben. Leider wird dabei oft vernachlässigt, dass Kinder von Anfang an lernen sollten, die Tastatur mit beiden Händen zu bedienen, um einseitige Belastungen und mögliche Haltungsschäden zu vermeiden. Beidhändiges Tippen könnte zumindest beide Hirnhälften ansprechen, was ein Vorteil für das Arbeiten am Computer wäre.

Bisher konnten, abgesehen von der höheren Motivation der Kinder, keine eindeutigen Vorteile von PC-Lernspielen im Vergleich zu herkömmlichen Spielen am Tisch oder Übungsblättern aus Papier nachgewiesen werden. Im Gegenteil: Wenn ein Kind am PC sich selbst überlassen wird, erzielt es keinen Lernvorteil. Selbst bei PC-Übungen ist die sprachliche Reflexion darüber, was getan wird, entscheidend. Wenn beispielsweise bei mathematischen Aufgaben dieselben falschen Denkweisen angewendet werden wie bei schriftlichen Aufgaben, mag das Ergebnis zufällig richtig sein, aber das Verständnis der Aufgabe und des Rechenweges bleibt auf der Strecke. Selbst mit hervorragenden Programmen wie den Alfons Lernwelten ist es nicht möglich, dies allein zu bewältigen.

Ich empfehle dir, deinem Kind Übungen am PC nur als Belohnung für erfolgreiches Arbeiten mit traditionellem Lernmaterial anzubieten.

Sinnvolle PC-Programme für dein Kind

Am Markt gibt es nur wenige wirklich empfehlenswerte Lernsoftware-Angebote. In meiner Praxis setze ich auf bewährte Programme wie „Alfons Lernwelten" vom Westermann Verlag und die Duden Lernsoftware von Duden Patec Verlag. Gelegentlich lassen sich ältere Ausgaben der Duden-Programme in Discountern finden, was dann ein echtes Schnäppchen sein kann.

Die Übungen von „Alfons Lernwelten“ basieren auf einem regelgeleiteten Rechtschreibtraining. Zunächst wird das jeweilige Thema erklärt, gefolgt von einer ersten Übung mit Lückentexten. Anschließend werden je nach Alter und Schwierigkeitsgrad konkrete Übungen angeboten. Es ist entscheidend, bei falsch eingetragenen Ergebnissen nachzufragen, wie das Kind zu dieser Lösung gekommen ist. Nur so findet effektives Lernen statt.

Du kannst Alfons als CD für deinen PC erwerben, wobei eine CD pro Klassenstufe angeboten wird. Alternativ kannst du die Onlineversion abonnieren, die einen vollständigen Zugang zu den Klassenstufen 1 bis 4 pro Fach bietet. Bedauerlicherweise ist das „Spielzimmer“ der Onlineversion jedoch deutlich weniger schön gestaltet im Vergleich zur PC-Version.

Die Anton-App hat sich inzwischen sehr gut entwickelt und bietet verschiedene Fächer ab der Vorschule, Fremdsprachen und DAZ-Übungen (Deutsch als Zweitsprache) an. Auch hier gibt es ein Belohnsystem über Spiele, die im Programm integriert sind.

Wie bei allen anderen Programmen ist es besser, diese mit dem Kind gemeinsam zu spielen. Wenn nach dem Anlaut L gefragt wird, dem Kind ein Haufen Blätter gezeigt wird, ist der Schluss zu „Laubhaufen“ nicht unbedingt selbstverständlich. Das Wort „Laub“ haben viele Kinder unter 7 Jahren nicht zwangsläufig im Wortschatz. Die Frage „Was kannst du denn noch sagen, wenn du einen Haufen Blätter meinst?“ kann dagegen sehr aufschlussreich sein.

Es gibt auch immer wieder Abbildungen von Tieren aus fremden Ländern, die nicht jedes Kind im Grundschulalter kennt.

„Sofatutor“ ist ein kostenpflichtiges Programm mit ebenfalls sehr guten Inhalten. Mir gefällt die anschauliche Art der Erklärungen, besonders in Mathe. Die Übungen sind nach Klassenstufe und Lernfortschritt gestaffelt und orientieren sich an den Inhalten der Bundesländer.

Programme mit andauernder Hintergrundmusik sind nicht empfehlenswert. Genauso wenig wie Programme, in denen dein Kind zuerst ewig in der Lernwelt nach Übungsaufgaben suchen muss. Viele Programme werden auf YouTube durch Beispielvideos vorgestellt. Auf diese Weise kannst du dir einen Eindruck vom gewünschten Spiel machen, bevor du Geld dafür ausgibst.

Zehn Finger für gute Rechtschreibung

Eine praktische Unterstützung für die Rechtschreibung ist ein Schreibmaschinen-Übungsprogramm. Das Üben der 10-Finger-Technik fördert nicht nur die rein technischen Schreibkompetenzen und die richtige Körperhaltung. Jedes falsch geschriebene Wort wird sofort gemeldet und muss korrigiert werden. Zumindest am PC wird sich die Rechtschreibung dadurch bessern. Oft erlebe ich jedoch auch eine deutlich bessere Worterkennung beim Lesen und eine ebenfalls verbesserte Rechtschreibung beim handschriftlichen Schreiben, da auch die richtige Reihenfolge der Buchstaben für jedes Wort sich in das Gedächtnis einprägt.

Für zu Hause bietet sich www.typingclub.com an, ein Programm, das einfach bedienbar und klar strukturiert ins 10-Finger-Tippen einführt. Es lässt sich ohne Download einsetzen. In kleinen Schritten werden alle Fingerpositionen geübt. Zu Beginn gibt es eine gute Erklärung zur richtigen Haltung.

Auch das Programm „Tipp 10“ ist geeignet und kann direkt online genutzt werden. Beide Programme sind kostenfrei.

Finde die passende Lernsoftware

Damit du für dein Kind das passende PC-Programm zur Unterstützung beim Lernen findest, habe ich hier ein paar Hinweise zusammengestellt, die dir bei deiner Entscheidung behilflich sein können.

- Die Lernbereiche sollten den jeweiligen Schulklasseninhalten entsprechen bzw. nach Themen strukturiert sein.

- Die Auswahl der Übungen sollte dem Nutzer freigestellt sein.
- Die Übungen sind ohne Umwege zugänglich.
- Keine unnötigen Töne und beweglichen Bilder während der Übungen!
- Erklärungen zu Regeln sind vorhanden und leicht verständlich. Die Erklärungen können wiederholt abgespielt werden.
- Die „Belohner“ im Programm bestehen aus kurzen Spielen, die die Teilleistungen fördern (z. B. Puzzle, Simon-Spiel, Fehlerbilder, Blockpuzzle u. Ä.).

Lerntherapie mit sinnvollem Material

Um nun zu entscheiden, welche Lerntherapie für dein Kind die beste ist, ist es wichtig, dass du die Fehler deines Kindes genau analysieren lässt. Dann besteht eine gute Aussicht, dass dein Kind mithilfe der Lerntherapie schnell zu einer besseren Leistung kommt.

Die Materialien, die ich dir im Folgenden vorstelle, kannst du größtenteils auch selbst zu Hause einsetzen, da sie frei verfügbar sind. Hat dein Kind jedoch größere Probleme, empfehle ich dir, eine Fachkraft aufzusuchen. Frage auch hier, mit welchen Konzepten gearbeitet wird.

Lernen mit dem Lernserver

Ich arbeite in meiner Praxis mit den Diagnose- und Fördermaterialien des Lernservers von der Westfälischen Wilhelms-Universität Münster, Abteilung „Neue Technologien im Bildungs- und Sozialwesen/Medienpädagogik“. Der Lernserver bietet für alle Schulstufen bis Klasse 7 eine Rechtschreibanalyse und individuell auf den jeweiligen Schüler abgestimmtes Fördermaterial.

Dieses Material umfasst nicht nur Übungen und Erklärungen zu Rechtschreibregeln, sondern legt auch einen besonderen Fokus auf die Förderung der phonologischen Fähigkeiten der Schülerin. Die zur Verfügung gestellten Übungen zur Lauterkennung, zum Leseverständnis und zu den individuellen Regelfehlern des Kindes kannst du vergleichsweise günstig erwerben.

Der Lernserver bietet außerdem für Eltern Onlineschulungen, die kostenfrei sind. Hier erfährst du, wie du das Fördermaterial für dein Kind richtig einsetzen kannst. Mit den Eltern-Paketen erhältst du die Testbögen und den Zugang zur Auswertung. Das Übungsmaterial gibt es zum Download.

Durchschnittlich umfasst das Material etwa 300 Arbeitsblätter, die für mindestens ein Jahr Förderung ausreichen. Der Prozess beginnt mit einem Rechtschreibtest, der am Computer erfasst und von der Universität Münster ausgewertet wird.

Das Team der Uni verlässt sich jedoch nicht allein auf die Computeranalyse. Die Tests der Schüler und Schülerinnen werden regelmäßig von Hand überprüft und die Ergebnisse korrigiert. Auf Grundlage dieser Ergebnisse wird dann das individuelle Fördermaterial zusammengestellt.

Fördermaterialien für Schulklassen

Interessierte Lehrkräfte haben sogar die Möglichkeit, eine Gruppenförderung für ihre Schulklasse zu erhalten. Die Fördermaterialien sind in sich vernetzt und können von der 1. Klasse an durchgängig genutzt werden.

Für das Lesescreening bietet der Lernserver TeDel bis zur 5. Klasse an. In einigen Bundesländern wie beispielsweise NRW nutzen viele Schulen diese Materialien bereits. Es gibt Lernsets für den Unterricht sowie Arbeitsmappen für zu Hause, die nach klaren Regeln organisiert sind.

Ein Beispiel ist das Bundesland Bremen, wo eine 5. Klasse in einer Testphase mit dem Lernservermaterial gefördert wurde. Besonders schwache Kinder erhielten zusätzliche Stunden. Im Durchschnitt verbesserten sich die Kinder innerhalb dieses Jahres um beeindruckende 15 Prozentränge.

Regelgeleitetes Rechtschreibtraining

Für reines Regeltraining ist auch das Rechtschreibtraining der Uni Marburg eine Möglichkeit der Förderung. Dieses ist im Buchhandel erhältlich, kann aber kein vollkommen individuelles Training anbieten. Es werden alle Rechtschreibregeln aufeinander aufbauend anhand von Übungsbögen bearbeitet.

Wichtig für jedes Rechtschreibtraining sind die phonologischen Übungen, das laute und deutliche Lesen, Lautieren oder Nachsprechen und das Sprechen über die durchgenommene Regel. Lautieren bedeutet, dass nicht wie beim Buchstabieren die Namen der Buchstaben genannt werden, sondern die Laute, die gesprochen werden. So wird das Wort „Maus“ eM, A, U, eS buchstabiert, jedoch m, au, s lautiert.

Das Sprechen über die Regeln hilft deinem Kind, diese zu verstehen und zu verinnerlichen. Die Sprachqualität kann gefördert und das Gelernte im Langzeitgedächtnis verankert werden. Die Übungen vertiefen das Gelernte, damit dein Kind die Regeln in der Rechtschreibpraxis sicher anwenden kann.

Programm für gravierende Leseprobleme

Hat ein Kind gravierende Schwierigkeiten mit der Automatisierung von Buchstaben und Silben, arbeite ich mit dem „IntraActPlus-Konzept“. Dieses wurde von Dr. Fritz Jansen und Uta Streit speziell für die Automatisierung des Lesens, verbunden mit einem passenden Schreibtraining, entwickelt und wird besonders im Förderschulbereich eingesetzt. Auch Ergotherapie-Praxen, die seit einigen Jahren verstärkt im Bereich Lerntherapie mitwirken, nutzen dieses Konzept.

Hat dein Kind gravierende Leseschwierigkeiten, empfehle ich dir, das Programm, welches aus einem Ordner mit Übungsmaterial besteht, für zu Hause anzuschaffen und täglich mit deinem Kind die Leseübungen durchzuführen. Durch regelmäßige Wiederholungen können die Buchstaben und Silben automatisiert werden.

Methodenoffenes AFS-Programm aus Österreich

Das AFS-Training (AFS steht für Aufmerksamkeit, Funktion, Symptom) wird von den diplomierten Legasthenietrainern des Ersten Österreichischen Dachverbandes Legasthenie (EÖDL) angeboten. Es ist als offenes Training konzipiert, die Legasthenietrainer und -trainerinnen stellen also individuell Übungsmaterialien für jedes Kind zusammen. Dabei werden sowohl die bereits erwähnten Rechtschreib- und Leseförderprogramme als auch selbst erstellte Materialien und solche von anderen Legasthenietrainern verwendet. Zusätzlich kommen Programme anderer Förderanbieter zum Einsatz wie beispielsweise vom Lernserver der Universität Münster oder dem Duden-Verlag.

Die Legasthenietrainer des EÖDL bzw. des Dachverbandes Legasthenie Deutschland (DVLD) und des Bundesverbandes Legasthenie Deutschland (BVL) arbeiten überwiegend ganzheitlich. Dabei liegt der Fokus auf der Förderung der Konzentration, der Teilleistungen und der Bearbeitung von Fehlerbereichen. Es ist jedoch wichtig zu betonen, dass der individuelle Ansatz der Lerntherapeuten maßgeblich von ihrer persönlichen Ausbildung abhängt.

Lerntherapie beim Duden-Institut

Die Trainer und Trainerinnen der Duden-Institute sind ebenfalls gut qualifiziert. Sie arbeiten überwiegend mit den Materialien des Duden-Patec Verlages und beraten dich darüber, mit welchen Übungen du zu Hause dein Kind unterstützen kannst.

Der Duden Verlag bietet spezielle Lesefibeln, Rechtschreibübungen und Materialien für Mathematik, auch für den Schulunterricht. In den letzten Jahren wurden besonders Angebote für die Lernförderung entwickelt, die auch zu Hause als Übungsmaterial genutzt werden können.

Lerntherapie an der VHS

Gruppenkurse an Volkshochschulen stellen in manchen Orten möglicherweise die einzigen verfügbaren Angebote dar. Der Erfolg solcher Kurse hängt stark davon ab, wie die Kleingruppen zusammengestellt werden. Es ist von großer Bedeutung, nur Kinder mit gleichen oder ähnlichen Lernproblemen in eine Gruppe zu nehmen. Daher sollten an Volkshochschulen Tests durchgeführt werden, um sicherzustellen, dass die Kinder mit den passenden Methoden gefördert werden können. In der Regel findet hierbei keine Familienanamnese statt, was bedeutet, dass die Ursachen der Lernschwierigkeiten nicht aufgedeckt werden können. Der Erfolg von Gruppenkursen liegt oft hinter dem von Einzelstunden, insbesondere, wenn Kinder mit unterschiedlichen Schwierigkeiten und Bedürfnissen in einer Gruppe sitzen.

Das Argument, dass Kinder voneinander lernen, trifft in solchen Gruppen nicht immer zu. Vielmehr kann es passieren, dass einige Kinder in einer Gruppe von beispielsweise fünf Kindern nichts lernen, da ihre spezifischen Bedürfnisse in dieser Gruppe nicht ausreichend berücksichtigt werden. Leider habe ich oft erlebt, dass frustrierte Eltern nach einem vergeudeten Jahr an der Volkshochschule zu mir kamen. Daher ist es wichtig, die Konzepte genau zu hinterfragen und sicherzustellen, dass sie den individuellen Bedürfnissen deines Kindes gerecht werden.

Lerntherapie beim Kreisel e. V.

Über eine fundierte Ausbildung verfügen ebenfalls die Lerntherapeuten und -therapeutinnen des Vereins Kreisel e. V., Institut für Weiterbildung und Familienentwicklung. Auch diese Therapeuten und Therapeutinnen arbeiten individualisiert. Sie sind in vielen Bundesländern tätig und können wie auch beim EÖDL über die Therapeutensuche auf der Website gefunden werden.

Je nachdem, ob du in Deutschland, Österreich oder der Schweiz lebst, wirst du weitere Angebote von Förderinstituten finden.

Die Bausteine einer Lerntherapie

Ein guter Lerntherapeut oder eine gute Lerntherapeutin benötigt also eine ganze Reihe von Zusatzausbildungen, die über die reine Pädagogik hinausgehen. Lass dir immer genau schildern, mit welchen Methoden der von dir gewählte Therapeut bzw. die gewählte Therapeutin arbeitet und warum gerade diese Methoden für dein Kind geeignet sind.

Reines Wahrnehmungstraining, alleinige Übungen aus NLP (Neurolinguistisches Programmieren), Brain-Gym oder Edu-Kinestetik sind nicht ausreichend, um deutliche Verbesserungen zu erbringen. Eine Kombination, die auf die Bedürfnisse deines Kindes abgestimmt ist, führt zum Erfolg.

So können Übungen aus dem NLP dem Kind ermöglichen, positive Einstellungen aus anderen Lebensbereichen in den Lernbereich zu transportieren, das NLP-Lerntraining für Wortbildspeicherung festigt die Fähigkeit, richtige Wortbilder zu erkennen und von fehlerhaften sicher zu unterscheiden. Schreibmotorische Probleme können durch Brain-Gym unterstützend zu Schreibübungen behandelt und die orthografischen Kenntnisse mit entsprechendem Übungsmaterial erworben werden.

Blockierungen, die zu „Blackouts" führen, sowie Schulängste, die das Lernen behindern, lassen sich mithilfe von EFT (Emotional Freedom Techniques), einer besonderen Klopf-Akupressur, sehr gut beheben.

Das Neurofeedback, ein Training am PC, kann zur Förderung der Konzentration hilfreich sein und wird in vielen Praxen ergänzend zur Ergotherapie angeboten.

DIE RICHTIGE LERNTHERAPIE FINDEN

Der Begriff des Legasthenietrainers oder der Lerntherapeutin ist nicht gesetzlich geschützt. Schaue dir also an, welche Grundlagen der gewählte Therapeut bzw. die Therapeutin vorweisen kann. Lasse dich nicht von einem Universitätsstudium blenden. Außer im Lehramt für die Förderschulen gibt es keine universitäre Ausbildung, die zum Lerntherapeuten befähigt. Daher stelle dir die beiden folgenden Fragen:

1. Über welche Ausbildungen verfügt der Therapeut/ die Therapeutin?

Nicht immer ist ein Universitätsstudium ein Garant für Qualität. Auch ein ehemaliger Buchhalter mit einer Fortbildung zum Lerntherapeuten über eines der Fortbildungsinstitute kann sich mit Feingefühl und Kompetenz deinem Kind widmen.

Zu empfehlen sind folgende Grundausbildungen:
- Pädagogen und Sonderschulpädagogen, Logopädinnen, Ergotherapeuten, Heilpädagoginnen, Heilpraktiker mit psychologischer Ausbildung, alle Berufe, in denen viel gelesen und gerechnet wird.

Wünschenswert sind Aus- und Fortbildungen in:
- Psychosomatik bzw. Kinder- und Jungenspsychologie
- Schriftspracherwerb und/oder Dyskalkulie
- Fortbildung bei einem Anbieter wie EÖDL, Kreisel, Duden-Institut, Lernserver u. a.

2. Was ist sein bzw. ihr Trainingskonzept?

Lass dir genau erklären, mit welchen Test- und Trainingskonzepten gearbeitet wird. Achte auf eine gute Mischung aus Konzentration, Wahrnehmung und Arbeit an den Fehlern.

Lass dich nicht blenden

Manche Anbieter, die den Titel „Institut“ im Namen tragen, bieten für viel Geld Förderung in Kleingruppen von 3 bis 5 Schülern an. Der Titel „Institut“ allein ist jedoch kein Qualitätskriterium, genauso wenig wie ein Doktortitel. Auch moderne Räume sagen nichts über die Qualität des Trainings aus. Lass dich nicht von Äußerlichkeiten blenden. Das Training soll individuell auf dein Kind zugeschnitten und in Einzelsitzungen abgehalten werden. Einzig Leseschulungen mit Rollenvergabe wie beispielsweise mit dem Buch „Kokosnussbande“ sowie Tandemlesen oder Chorlesen sind für Kleingruppen geeignet. Alle anderen Lernprobleme sind so individuell, dass ich immer zu Einzelstunden rate.

Eine qualifizierte Lerntherapeutin ermöglicht es dir, Probestunden zu vereinbaren, und gestattet es sogar, bei einer solchen Probestunde möglicherweise im Hintergrund anwesend zu sein. Dabei ist jedoch eine wichtige Grundregel zu beachten: Als Elternteil mischt man sich nicht ein, wenn das Kind Schwierigkeiten hat. Die Rolle ist eher die einer stillen Beobachterin oder eines stillen Beobachters, ähnlich einer kleinen Maus, die lediglich das Geschehen verfolgt. Falls die Anwesenheit der Eltern das Kind zu stark irritiert, ist es besser, darauf zu verzichten. In einem solchen Fall kann man sich den Inhalt der absolvierten Stunde vom Therapeuten bzw. der Therapeutin im Anschluss erklären lassen. Eine gute Therapeutin wird dies gerne tun.

Du wirst es merken, wenn dein Kind sich wohlfühlt. Achte bei Verträgen auf kurze Kündigungsfristen.

Lernstörungen im Lesen und Schreiben vorbeugen

Schon im Kleinkindalter werden die Weichen für erfolgreiches Lernen gestellt. Eine Vorlesestudie der Stiftung Lesen aus dem Jahr 2012 zeigt auf, dass jedem 3. Kind in Deutschland kaum oder gar nicht vorgelesen wird. Viele Kinder werden stattdessen mit Gute-Nacht-Geschichten über ihre Hightechgeräte ins Bett geschickt. Dabei können gemeinsames Bilderbuch-Gucken und Vorlesen die Sprachentwicklung unserer Kleinen richtig pushen.

In der magischen Welt von Bildern und Wörtern lernen die Kleinen Bedeutungen und Zusammenhänge kennen, die für sich allein stehen oder sich gegenseitig erklären. Sogar das Erlernen des Schreibens wird durch Vorlesen gefördert. Einzelne Wörter können von den Kindern oft schon früh mit den passenden Bildern verknüpft werden. Im Kleinkindalter wird das Wort eher als interessantes Bild erkannt, nicht als komplizierte Buchstaben-Reihe. Das kommt dann erst im Vorschulalter, wenn die Buchstaben für Familienwörter wie Mama, Papa, Oma und Opa vorgestellt werden. Jetzt besteht „Oma" aus drei verschiedenen Bildern – dem O, dem m und dem a. Eventuell speichert dein Kind „Oma" auch als Gesamtbild ab.

Bildgedächtnis früh fördern

Das Bildgedächtnis ist für dein Kind ungemein wichtig, wenn es später in der Schule Inhalte gut lernen und schnell wiedergeben soll. Schon im Vorschulalter kann das entspannt gefördert werden.

Übung 1: Abmalen

Setz dich mit deinem Kind hin und malt gemeinsam mit viel Spaß ein kleines Bild ab. Jeder von euch hat dazu ein Blatt Papier vor sich und eine Vorlage etwas erhöht auf einem Ständer. Gut wäre dabei eine Höhe, bei der dein Kind den Blick etwas nach oben richten muss.

Vergleicht hinterher mal eure Bilder. Dabei lässt du dein Kind die Unterschiede in euren Darstellungen finden. Es wird nichts bewertet, sondern einfach nur gelobt. Kein: „Das ist schon gut und wird beim nächsten Mal bestimmt noch besser." In solch einem Satz steckt ein Tadel, der bei dieser Übung nicht zielführend ist. Dein Kind soll selbst sehen, wie es immer besser abzeichnen kann.

Übung 2: Das Laufbild

Hier nehmt ihr einen einfachen Gegenstand, zum Beispiel eine bunte Vase. Die steht vom Tisch entfernt, irgendwo im Raum. Nun geht zu dieser Vase und schaut sie euch an. Dabei ermunterst du dein Kind, die Vase zu beschreiben. Dein Kind darf die Vase auch in die Hand nehmen – also besser nichts Teures nehmen, denn kleine Unfälle können schon mal passieren.

Nun geht ihr zurück zum Platz und malt erst einmal nur die äußere Form. Danach geht es zurück zur Vase. Welches Muster ist darauf? Jeder malt im eigenen Tempo. Am Schluss wird wieder verglichen und gemeinsam gelacht über lustige Erscheinungen auf dem Papier.

Gehirnentwicklung durch Bewegung und Vorlesen fördern

Die Entwicklung entscheidender neuronaler Verbindungen, die für das spätere Lernen von großer Bedeutung sind, wird in erster Linie durch eine vielfältige motorische Aktivität beeinflusst – also durch Bewegen. Untersuchungen bei Naturvölkern, deren Kinder aus Sicherheitsgründen nicht krabbeln dürfen (Schlangen, Skorpione etc.), die viel getragen und lange durch eine feste Tuchwicklung in der motorischen Entwicklung gehemmt werden, haben gezeigt, dass ihnen später ein Erwerb der Schrift und des Lesens nicht mehr möglich ist. Obwohl sie Buchstaben als Bilder erkennen können, gelingt es ihnen nicht, eine Verbindung zwischen Wort und Schrift herzustellen.

Auch das ständige Hören von Geschichten aus einem Tongerät bis zum Einschlafen kann weitreichende Folgen haben. Kinder können abhängig von diesen Medien werden und Ängste entwickeln, wenn mal kein Gerät verfügbar ist. Es fehlt die Möglichkeit eines Dialogs mit einem Erwachsenen, der Fragen zu den Inhalten beantworten und das kindliche Urteilsvermögen relativieren kann, zum Beispiel, wenn eine Geschichte einem Kind Angst macht. Es nimmt die Geschichte ungefiltert auf.

Darüber hinaus hindert diese Praxis das Gehirn daran, die Ereignisse des Tages im Schlaf unterbewusst zu verarbeiten. Ganz im Gegenteil, es muss sich mit einer Geschichte auseinandersetzen, mit deren Protagonisten sich das Kind gegebenenfalls gleichsetzt. Das kann zu Angststörungen führen und zu einer verschoben Weltsicht.

Während die vorlesende Person stets im Dialog mit dem Kind ist, durch Fragen auch lösungsorientiertes Denken anregen kann („Was hättest du getan, wenn du die Ente wärest?"), muss das Kind die Lösungen in der Geschichte als die einzig richtigen akzeptieren.

Doch gerade die persönliche Ansprache auch beim Vorlesen ist es, die die Entwicklung der kindlichen Persönlichkeit, des lösungsorientierten Denkens und im besten Fall auch die Fähigkeit, innere Bilder zu entwickeln, fördert. Ohne innere Bilder wird z. B. das Rechnenlernen ein großes Problem.

Es ist also gut, wenn du dir viel Zeit nimmst, um mit deinem Kind zusammen zu lesen. Das muss nicht vor dem Einschlafen sein. Eine schöne Lesezeit ist auch der Nachmittag, wenn du deinen Kaffee trinkst und dein Kind seinen Saft. Ganz gemütlich zusammen auf dem Sofa entsteht in dieser Vorlesezeit auch eine tiefe Bindung zwischen euch beiden. Vielleicht hast du zusätzlich noch ein Baby, das gestillt wird oder sein Fläschchen bekommt. Dann kannst du deinem älteren Kind vorlesen, während du dein Baby im Arm hältst. Ich habe das so mit meinen Jungs gemacht. Auf diese Weise bekamen beide gleichmäßig meine Aufmerksamkeit und es entstanden keine Eifersüchteleien.

Natürlich ist nichts dagegen einzuwenden, Geschichten auch mal über Medien zu hören. Das macht den Kindern Spaß und fördert ihre Fähigkeit, länger zuzuhören. Ich würde es jedoch nicht zu einem Einschlafritual machen.

Handys und Tablets: nichts für kleine Kinder

Viele Studien haben sich in den letzten Jahren damit beschäftigt, welche Folgen eine frühe Nutzung von Handys oder Tablets auf Kindergehirne hat.

Ich sehe immer wieder Kinder, die zum Teil noch keine 2 Jahre alt sind und von ihren Eltern ein Handy zur Beschäftigung in ihre kleinen

Händchen bekommen. Teilweise sind die Eltern nebenbei mit ihrem Tablet beschäftigt. Was passiert hier?

Das Kind ist fasziniert von den wechselnden Eindrücken, die es in recht schneller Abfolge von dem Gerät angeboten bekommt. Das Gehirn reagiert darauf unter anderem im Belohnungszentrum. Dieses Zentrum ist mitverantwortlich für Glücksgefühle. In der Folge verlangt das Gehirn nach immer neuen, schnell wechselnden Inputs. Daraus folgt, dass Kinder, die schon sehr früh mit Handys oder Tablets beschäftigt wurden, wenig Geduld und Durchhaltevermögen entwickeln. Auch ihre Konzentrationsfähigkeit ist oft nur gering. Fehlt der nächste Input, wird das Kind unruhig.

Dein Kind ist die Nummer eins in deinem Leben. Darum beschäftige dich auch unterwegs und in Wartezeiten aufmerksam mit ihm. Ein kleines Bilderbuch passt in jede Handtasche. Auch eine kleine Spielfigur kann unterwegs mit viel Spaß eine Wartezeit auf den Bus oder beim Arzt überbrücken. Dein Kind fühlt sich innerlich sicher und behütet, wenn du ihm deine Aufmerksamkeit schenkst. Es lernt, auch stille Zeiten auszuhalten, in denen wenig passiert. Spiele wie „Ich sehe was, was du nicht siehst" fördern die Raumorientierung und Aufmerksamkeit. Die Umwelt hat so viel Spannendes zu bieten! Das ist die Welt, in der du mit deinem Kind lebst. Erforscht sie, so oft es geht.

Typische Fehler im Schulalltag

Alle Lehrer und Lehrerinnen tun ihr Bestes, damit dein Kind erfolgreich und mit Freude lernt. Leider findet aber das Thema Lernstörungen im Studium zum Grundschullehramt kaum Beachtung, sondern wird dem Studium der Förderpädagogik zugeschlagen. Aus diesem Grund sind viele Grundschullehrkräfte oft hilflos und verzweifelt, wenn ein Kind trotz verstärkter Übungen anhaltende Probleme beim Lernen hat.

Auch die vermeintlich wohlwollende Abschaffung der Klassenwiederholung in einigen Bundesländern halte ich für nicht sinnvoll. Wenn ein Kind aus verschiedenen Gründen den Lernstoff einer Klasse nicht bewältigen konnte, wird es in der folgenden Klasse weniger Möglichkeiten haben, sein Wissen zu erweitern, da ihm die Grundlagen des Vorangegangenen fehlen. Die Fortsetzung ohne eine solide Basis führt oft dazu, dass das Kind weiterhin nur unterdurchschnittliche Leistungen erbringt und sich als Versager bzw. Versagerin fühlt. In unserem gegenwärtigen Schulsystem ist die psychologische Belastung durch das Wiederholen auf Dauer oft geringer als das bloße Durchschleifen.

Darüber hinaus sind nicht alle Unterrichtskonzepte sinnvoll. Obwohl dies in der Bildungswissenschaft und der Psychologie in vielen Studien aufgezeigt wird, dauert es zu lange, bis diese Erkenntnisse in die Lehrerausbildung einziehen. Einige Beispiele möchte ich dir hier vorstellen.

Schreiben, wie man spricht

Die Kinder sollen bis weit in Klasse 2 hinein alle Wörter so schreiben, wie sie diese sprechen oder hören, was nur bei lautgetreuen Wörtern möglich ist. Kinder mit Problemen in der akustischen Differenzierung werden jedoch auch diese Wörter falsch schreiben. Es prägen sich falsche Wortbilder ein, da eine falsche Antwort auf den Reiz „gehörtes Wort“ automatisiert wird. Eine spätere Korrektur ist sehr mühsam und oft nur wenig erfolgreich.

Besser: Von Beginn an Hörübungen zu den betonten Vokalen, dazu die Rechtschreibregeln. Übungen zum Buchstabieren, vorwärts und rückwärts als Wortbildtraining. Buchstabierwettbewerbe wie in den USA fördern diesen Lernweg. Dazu müssen die Lehrkräfte die Kinder jedoch auch zur richtigen Augenbewegung schräg nach oben anleiten können, damit das Wortbild richtig gespeichert wird.

Zeitnahes Erlernen von Ähnlichkeiten

Werden Ähnlichkeiten, die zu Verwechslungen führen können, zeitnah gelernt, findet keine deutliche Unterscheidung statt. Es kommt zu einer Hemmung.

So sollten ähnlich klingende Endungen (d/t, b/p etc.), Worte wie „wieder/wider" oder „das/dass" etc. nicht zusammen geübt werden, wenn nicht schon vorher *einzeln* automatisiert wurde.

Besser: Wenn Ähnlichkeiten bestehen, sollten die Unterschiede an Regeln oder Wortbedeutungen erarbeitet werden. Ich arbeite dabei viel mit Wortgeschichten.

Blick in die Praxis: wider/wieder

„Wieder mit ie bedeutet, wir machen etwas noch einmal. Das möchte das i nicht alleine. Es nimmt sich das e als Partner dazu. Sie sind nun zu zweit und machen etwas zweimal, also ‚wieder'.

Wider ohne e bedeutet ‚gegen'. Stell dir vor, das i und das e hatten Streit. Sie haben gegeneinander gekämpft. Dabei wurde das e umgehauen."

Meine Legasthenie-Kinder lernen prima mit solchen kleinen Geschichten. Das Gehirn lernt am besten über Zusammenhänge. Das gilt auch für das Lernen von Vokabeln im Sprachunterricht.

Zu viel Neues zu schnell eingeführt

In manchen Schulklassen werden in der Rechtschreibung und auch in den Fremdsprachen zu schnell neue Wörter eingeführt. Mit der Folge, dass die Kinder nicht genügend Zeit haben, diese zu automatisieren. Das Präsentieren von Lernwörtern in Listen nützt dem Gehirn oft nicht viel.

Besser: Weniger ist mehr, und schnelles Lernen geht nur langsam und gründlich. Daher ist es sinnvoller, Wörter über ganze Sätze zu üben und Wörter mit gleichen Regeln zusammenzufassen. Unter dieser Prämisse sollten die Kinder lernen.

Die Lernmethode wechselt häufig

Ein häufiger Lehrerwechsel belastet die Kinder. Denn immer müssen sie erst wieder die neuen Methode lernen, die der neue Lehrer einsetzt, bevor auf den eigentlichen Lerninhalt eingegangen werden kann.

Empfehlung: Auch wenn jede Lehrkraft in der Methodenwahl frei ist, wäre es hilfreich, keine harten Brüche einzuführen. Es wäre schön, die Strategien für den Unterricht in allen Grundschulklassen im Team festzulegen. Individuelle Ergänzungen sind natürlich möglich.

Lernen mit Hilfsmitteln

Hilfsmittel wie Anlauttabellen, Steckkästen, Lautgebärden und andere größtenteils motorische Hilfsmittel wirken anfangs oft motivierend auf die Kinder. Allerdings sollten sie nicht so intensiv genutzt werden, damit das Lernen mit diesen Hilfsmitteln nicht automatisiert und dadurch die eigentliche Automatisierung gebremst wird.

Wenn ein Kind beispielsweise Buchstaben mit der Anlauttabelle lernt, muss es den innerlich automatisierten Satz „F wie Fisch“ beim Lesen erst unterdrücken, wenn es das Wort „Flasche“ lesen will. Wenn es jedoch einfach nur „F“ automatisiert hat, ist dieser unnötige Schritt von vornherein ausgeschlossen. Daher sollten solche Materialien nur gelegentlich zur Auflockerung eingesetzt werden.

Wechselnde Schreibweisen

Lese- und Schreibanfänger tun sich schwer damit, unterschiedlich dargestellte Buchstaben richtig zu erkennen. Es sollten daher immer Unterrichtsmaterialien mit derselben Schriftart Verwendung finden.

Beispiel: Beachte besonders die Schreibweise des großen und des kleinen „T“, des großen „F“ sowie des kleinen „z“ und des „r“.

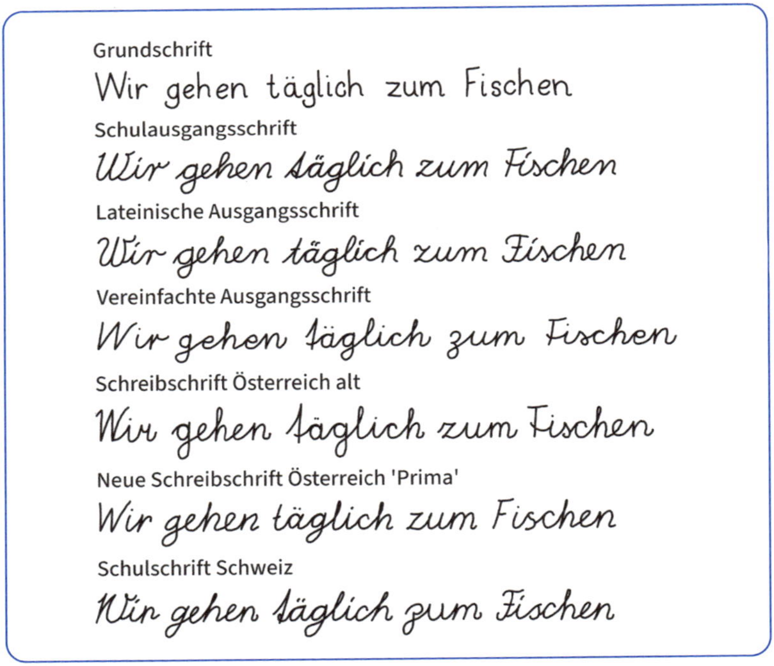

Es fällt auf, dass bei der Schulausgangsschrift das kleine t oft dem großen A ähnelt. Beim großen F wird empfohlen, nicht unten anzusetzen, was dazu führt, dass das Wort aus dem kleinen F-Strich weitergeführt wird. Dieser Ansatz beeinträchtigt die klare Darstellung des Buchstabens. Obwohl ich persönlich kein Fan dieser Schrift bin, gibt es auch Kritik an der Lateinischen Ausgangsschrift und der Lateinischen Schulschrift wegen ihrer vielen Schleifen, die heute abgelehnt werden. Dennoch unterstützen diese Schleifen beim Schreiben ein regelmäßiges Kreuzen der Mittellinie, was die Zusammenarbeit der rechten und linken Hirnhälfte fördert.

Die Vereinfachte Ausgangsschrift wird nicht mehr unterrichtet, da festgestellt wurde, dass sie kein leserliches Schriftbild fördert. In Österreich wurde 2023 eine neue Schulschrift namens „Prima“ entwickelt, um das Schreiben zu modernisieren. Sie enthält alle Sonderzeichen anderer Sprachräume und erlaubt Variationen von Buchstaben sowie flexible Buchstabenverbindungen, um die Entwicklung einer individuellen Handschrift zu fördern.

Ich finde die „Prima“-Schrift sehr gelungen, da die Buchstaben klar erkennbar sind und der Schreibfluss gefördert wird. Persönlich bevorzuge ich sie gegenüber der Idee der verbundenen Grundschrift aus Hamburg. Diese zieht einige der Druckbuchstaben zusammen, lässt aber sehr viele Buchstaben einzeln stehen.

In Hamburg und einigen anderen Bundesländern wird die verbundene Grundschrift als „Schreibschrift“ beigebracht, bei der die Druckbuchstaben mit einem Bogen verbunden werden, ohne Schleifen zu schreiben. Obwohl diese Schrift die Lesbarkeit der kindlichen Schrift tatsächlich fördert, entstand die Vereinfachung aufgrund zunehmender motorischer Schwächen, die durch entsprechende grafomotorische Übungen in der Vorschule und der ersten Klasse angegangen werden könnten. Leider finden diese Übungen nur noch sehr kurz im Unterricht statt, und in den unterbesetzten Kitas bleibt oft wenig Raum für eine angemessene frühe Förderung oder ist gar nicht mehr gewollt.

Ähnlich werden sportliche Leistungen heute oft nach unten korrigiert, da der Bewegungsmangel der Kinder die früheren Leistungen im jeweiligen Alter inzwischen unerreichbar macht.

Die Zauberkraft des systematischen Automatisierens

In der Schule wird leider oft und in allen Fächern viel zu schnell vorangegangen und viele Themen werden zu oberflächlich besprochen. Wie man richtig automatisiert, wird den Kindern nicht beigebracht. Die Schüler und Schülerinnen lernen daher nicht, dass die Automatisierung in allen Fächern notwendig und einzusetzen ist. In vielen Schulen wird sie im Fach Deutsch kaum angewendet, in der Mathematik nur beim Einmaleins, nicht jedoch bei den Grundrechenarten.

Ein systematisches Automatisieren aller Grundfertigkeiten ist besonders für lernschwache Kinder unabdingbar. Automatisierung bedeutet, alles immer wieder zu wiederholen, bis das Gedächtnis die richtige Antwort spontan herausgeben kann. Gleichzeitig muss jedoch auch der Sinn verstanden werden. Sonst kommen wir zum reinen Auswendiglernen ohne Verstehen. Wenn richtig automatisiert wird, werden Lernstrategien verinnerlicht und in der Folge unbewusst und spontan richtig eingesetzt. Hier geht es also auch um das Thema „Lernen lernen“.

GRUNDREGEL FÜR RICHTIGES ÜBEN BEI TEILLEISTUNGSSTÖRUNGEN

- kleine Schritte
- aufeinander aufbauende Stufen
- erst weitergehen, wenn die vorherige Stufe gut beherrscht wird (Langzeitspeicher)
- alles Unwesentliche und Ablenkende weglassen (z. B. Bilder innerhalb des Textes in Lesebüchern)
- intensive Wiederholungen auf jeder Stufe einplanen
- Die Bezugsperson muss sicher sein im Umgang mit dem Übungsmaterial, um mit ihrer Aufmerksamkeit ganz beim Schüler zu sein.
- Die Ähnlichkeitshemmung beachten: Laute und Buchstaben mit großer Ähnlichkeit werden in großen Abständen voneinander gelernt, erst nach Festigung können diese im nächsten Schritt gemischt gebracht werden.

- Vermeidungshaltungen müssen erkannt und gelöst werden (Emotionen).
- über den Lernstoff reden und diesen in eigene Worte fassen lassen
- Lob und Motivation erfolgen stets sofort genau wie der deutliche Hinweis auf Fehler.

Richtig zu Hause Deutsch üben

Eltern möchten ihre Kinder unterstützen und sie tatkräftig durch die Schulzeit begleiten. Ich bin mir sicher, dass auch du gerne mit deinem Kind üben und ihm bestmöglich zur Seite stehen möchtest.

Leider werden dabei aus Unkenntnis oft grundlegende Fehler gemacht, die dazu führen, dass die Kinder demotiviert werden und nicht mehr weitermachen wollen. Ich möchte dir gerne helfen, mit deinem Kind zusammen in einer entspannten Atmosphäre zu lernen.

Schwerpunkte setzen

Wenn ihr gemeinsam an Fehlern arbeitet, ist es wichtig, Schwerpunkte zu setzen. Nehmt euch nicht zu viel auf einmal vor. Guckt lieber, wo die größten Probleme liegen und mit welchen Übungen ihr hier eine sichere Basis schaffen könnt.

Langfristig denken und üben

Es ist wichtig, dass Kinder nicht nur kurzfristig, sondern auch langfristig richtig schreiben und gute Noten bekommen, nicht wahr? Daher empfehle ich, dass du dir ausreichend Zeit für das Üben nimmst und dich intensiv mit einem Thema befasst, bis sich dein Kind wirklich sicher fühlt. Vermeide dabei bitte das stumpfe Auswendiglernen von Diktatwörtern oder ganzen Texten – das erzielt nur einen kurzfristigen Erfolg.

Selbstständiges Entdecken fördern

Stattdessen solltest du dein Kind dazu ermutigen, Schreibweisen selbstständig zu entdecken. Hierbei können Wortbausteine (Material und Tipps findest du dazu im Anhang) hilfreich sein, genauso wie ein kindgerechtes Wörterbuch. Eine interessante Idee wäre es, beim Essen gemeinsam Worte zu buchstabieren, die mit dem Essen zu tun haben. Oder wie wäre es mit einem Spiel wie „Wer findet das längste Wort auf dem Tisch?“? Vielleicht kann dein Kind sogar die Wörter in Silben oder Laute zerlegen.

Um die Silbenzerlegung zu üben oder das Erkennen von An- und Endlauten, kannst du Wortketten wie „Baumhaus – Hausschuh – Schuhband“ einsetzen. Spiele wie „Worttüftel“ und „Boggle“ bieten eine spielerische Möglichkeit, das sichere Buchstabieren und damit die Rechtschreibung zu trainieren. Das Spiel „Boggle“ ist leider nur noch gebraucht zu bekommen. Ich empfehle es aber dennoch, weil ich gute Erfahrungen damit gemacht habe. Bitte achte aber darauf, dass es sich um die deutsche Ausgabe handelt. Die Buchstabensortierung ist anders als bei der englischen Ausgabe.

Wortarten erforschen

Wenn dein Kind Nomen immer klein schreibt, sind ihm die Wortarten vielleicht noch nicht ganz klar. Erkläre ihm, woran es Nomen erkennt und lass es in Texten, die richtig geschrieben sind, Nomen, Verben und Adjektive entdecken und farbig unterstreichen. Meine Schüler lieben es, „Wortforscher“ zu sein.

Schon vor der Schule die Weichen stellen

Schon bevor dein Kind zur Schule kommt, kannst du die Weichen für eine erfolgreiche Schullaufbahn stellen. Möglicherweise hast du ein weiteres, kleineres Kind und möchtest verhindern, dass es ähnliche Lernprobleme bekommt wie dein großes.

Heutzutage gibt es eine große Auswahl an Betreuungsmöglichkeiten. Tagesmütter und Kindergärten mit langen Öffnungszeiten und unterschiedlichen Konzepten sind zumindest in größeren Orten vielfältig vorhanden. Anders ist es auf dem Land. Hier sind die Angebote geringer. Mit etwas Glück sind die Gruppen klein und das Konzept der Kita ist fördernd und nicht nur beschäftigend.

Ein anderes Problem ist leider der Mangel an Betreuungsplätzen, der deine Auswahl einschränken kann.

In den 90er Jahren, als meine eigenen Kinder aufwuchsen, war die Kinderbetreuungssituation durch Kitas noch sehr begrenzt. Häufig lagen die Öffnungszeiten zwischen 9 und 13 Uhr. Nachmittags gab es selten regelmäßige Gruppen, selbst in Hamburg. Wir Mütter blieben in den ersten drei Lebensjahren der Kinder in der Regel zu Hause oder arbeiteten in Teilzeit am Vormittag. Heute können Mütter sehr viel mehr ihren beruflichen Interessen nachgehen. Auch für Väter gibt es Kinderzeiten, in denen sie zu Hause bleiben können. Leider bleibt dennoch die Hauptlast der Kinderbetreuung meist bei den Frauen, wie eine Untersuchung des Nationalen Bildungspanel (NEPS) während der Corona-Pandemie gezeigt hat.

Hohe Anforderungen an Familien

Nicht immer sind Mütter freiwillig voll berufstätig. Manche würden lieber weniger arbeiten und sich mehr um die Kinder kümmern. Das gilt auch für die Väter. Ich kenne viele Familien, in denen der Hauptverdiener die Mutter ist, und nicht wie früher traditionell der Vater. Die Kosten für Klassenreisen, Sportvereine und Förderstunden sind hoch. Eine Urlaubsreise gehört heute zum Standard der allgemeinen

Lebensführung. Familien müssen beträchtliche Summen aufbringen. Über 50 % des Familieneinkommens gehen oft für Mieten oder Hypotheken drauf. Großeltern sind nicht immer als Unterstützung verfügbar.

Worauf es in der Kita ankommt

Es ist also wichtig, wie du deine Kinder schon vor der Schule gut betreuen lässt. Dies gilt besonders in den ersten 6 Lebensjahren, in denen sie rund 15.000 Stunden spielen. Kleine Gruppen mit vielen spielerischen Anregungen sind dabei entscheidend, damit die Kinder ihre Welt entdecken können. Es ist auch wichtig, dass Kinder Dinge in den Mund stecken dürfen, weil das ihre Wahrnehmung fördert und für die Entwicklung von inneren Beziehungen zu den Gegenständen und ihren neuronalen Abbildungen im Gehirn notwendig ist.

Ein Kind sollte seine Umwelt mit allen Sinnen erfahren dürfen. Ein Beispiel dafür, dass direkter Kontakt wichtig ist: Das Tragen eines Neoprenanzugs im Schwimmbad kann der Wahrnehmungsförderung manchmal entgegenwirken. Kalt ist nur dann schädlich, wenn es zu lange andauert. Der Reiz des Wassers auf der Haut aktiviert jedoch wichtige Sensoren, mit denen das Kind Sicherheiten im Erleben seiner Welt entwickelt.

In einer guten Kita wird zwischen freiem Spiel und angeleiteten Übungen wie Malen und Basteln abgewechselt. Eine gute Kita-Fachkraft wird dabei schnell merken, ob dein Kind bei manchen Dingen immer sagt, es hat keine Lust. Sie wird versuchen, die Ursache zu ergründen. Hat dein Kind vielleicht einen Konflikt mit einem anderen Kind in dieser Gruppe und will deswegen nicht mitmachen oder vermeidet es zum Beispiel das Malen oder Ausschneiden, weil ihm die Bewegungen mit der Hand schwerfallen?

Personalmangel ändert die Betreuungskonzepte

In vielen Kitas wird allerdings überwiegend nur noch frei gespielt. Diese sogenannte „Freie Pädagogik“ bringt nicht nur nach meiner Beobachtung, sondern auch aus der Erfahrung der Schulen keine Kinder hervor, die gut lernen und mit ihren Mitschülern gut zurechtkommen. In diesen Kitas dürfen Kinder in jedem Alter immer eigene Entscheidungen treffen. Dadurch sollen sie selbstbewusst und selbstsicher werden. Doch hier steckt die Tücke im Detail.

Das Kind will nicht am Frühstück teilnehmen – dann bleibt es in der Spielecke. Das Kind hat keine Lust auf die Vorschulstunde – dann bleibt es halt in der Spielecke. Das Kind möchte nicht am Ausschneiden von Blumen teilnehmen – dann geht es zu den Bausteinen.

Natürlich sollen Kinder lernen, Entscheidungen zu treffen. Doch muss dies altersgemäß eingeübt werden. Die Tragweite der Entscheidungen kann ein Kindergartenkind noch gar nicht erfassen. Es ergibt keinen Sinn zu sagen „Dann gehst du halt mit Sandalen in den Schnee“, wenn diese Entscheidung nicht begleitet und dann sehr kurzfristig korrigiert wird. Das gilt auch für die Verweigerung von Essen in der Gruppe. Eventuell kennt das Kind von zu Hause auch nicht die Einnahme gemeinsamer Mahlzeiten. Doch gerade das gemeinsame Essen fördert die sozialen Kompetenzen deines Kindes. Eigentlich soll in der Freien Pädagogik auch genau so vorgegangen werden. Doch wird sie, wie ich meine, oft missverstanden oder durch Personalmangel nicht richtig umgesetzt.

Falsche Pädagogik und ihre Folgen

Wenn ein Kind keine Lust auf motorische Übungen hat und ständig nach eigener Entscheidung etwas anderes spielt, wird es wahrscheinlich Defizite in der Grob- und Feinmotorik entwickeln, was sich wiederum auf das Schreiben auswirken kann. Wenn es immer selbst entscheiden darf, was und wo es spielen möchte, ohne sich einer Gruppe anzuschließen, wird es wahrscheinlich Schwierigkeiten bekommen, sich in der Schule zu integrieren. Zum Beispiel kann es nicht einfach aufstehen und draußen spielen gehen, wenn es in der Schule heißt: „Jetzt wollen wir schreiben."

Und seien wir mal ehrlich: Würdest du einem Kind erlauben, ohne schwimmen zu können ins Meer zu springen, nur damit es aus eigener Erfahrung lernt?

Die Idee der Freien Pädagogik strebt die Förderung der Eigenständigkeit eines Kindes an, und das ist auch gut so. Falsch umgesetzt überfordert sie jedoch die Kinder und beschränkt ihre motorische, sprachliche und soziale Entwicklung. Es ist wichtig, dass Kinder auf Basis von Erfahrungen lernen dürfen, aber die Zulassung solcher Erfahrungen hängt vom Alter des Kindes und der Begleitung durch eine Bezugsperson ab. Nur dann wird es zu einer positiven und sinnvollen Lernerfahrung. Wenn ein Kind ständig bei allem frei entscheiden darf, können sich herausfordernde Verhaltensmuster entwickeln, die später leicht zu Egoismus führen können.

Spielerische Anregungen erfordern eine klare Führung und Kommunikation. Kinder sollen ermutigt werden, Neues auszuprobieren, ihre Kenntnisse zu erweitern und Sinnvolles von nicht Sinnvollem zu unterscheiden. Dies erfordert jedoch eine zeitnahe persönliche Betreuung. Bei einem Personalschlüssel von 10:1 ist dies schwer umsetzbar.

Die aktuelle Betonung des freien Spielens in Kitas als alleinige Beschäftigungsform zeigt, dass aus der Vergangenheit wenig gelernt wurde und wissenschaftliche Erkenntnisse ignoriert werden. Ohne Anleitung und positive Vorbilder wird ein Kind nicht die notwendige Entwicklung durchlaufen, die für ein erfolgreiches und glückliches Leben im Erwachsenenalter erforderlich ist. Wenn entscheidende Lernfenster in der Vorschulzeit nicht genutzt werden, können bestimmte Fähigkeiten und Fertigkeiten später nur schwer oder gar nicht mehr erworben werden. Der Grundsatz „Was Hänschen nicht lernt, lernt Hans nimmer mehr" gilt zumindest hier nach wie vor.

Früher übernahmen Großeltern und Mütter, die zu Hause waren, diese frühe Förderung auf spielerische Weise. Allerdings fehlten Einzelkindern ohne ausreichende Spielkontakte einige wichtige soziale Kompetenzen. Sie entwickelten sich schneller zu kleinen Sturköpfen und Egoisten als Kinder mit Geschwistern und vielen Spielkameraden.

In einigen Kitas werden Mitarbeitende sogar explizit dazu aufgefordert, keine Bastelvorlagen oder Ähnliches zu verwenden. Das Ausschneiden von Blumen und anderem darf nur noch nach vom Kind selbst gemalten Vorlagen erfolgen und ohne Anleitung zur richtigen Handhabung der Schere. Auch dies soll das Kind selbstständig entdecken. Dabei kann schnell Frust entstehen, wenn ein Kind noch gar nicht gut vorzeichnen kann oder nicht herausfindet, wie eine Schere funktioniert. Eine Hilfestellung oder Anregung zu einer veränderten Vorgehensweise ist also wichtig für den Lerneffekt. Du erinnerst dich: Das Gehirn lernt nur, neue Wege zu erkunden, wenn der alte Weg eindeutig als falsch erkannt wurde.

Früh erste Anzeichen wahrnehmen

Es ist Frühling und die Gruppe will gemeinsam Tulpenblüten, Blätter und Stängel aufmalen und ausschneiden. Paul hat dazu keine Lust. Paul hat nie Lust, etwas zu malen oder auszuschneiden. Er geht dann lieber in die Autoecke. Seine Gruppenleiterin beobachtet das schon eine ganze Weile. Paul ist fast 5 Jahre alt, ein Alter, in dem Kinder sich normalerweise gerne mit vielen bunten Farben auf Papier ausdrücken. Aber nicht Paul! Wenn er sich einmal überreden lässt, doch etwas zu malen, entstehen Bilder ohne klare Formen. Alles ist ein wildes Chaos und häufig bezieht er auch den Tisch neben seinem Blatt mit ein.

Paul ist ein Kind, das ich schon vor der Schule näher untersuchen würde, denn ich vermute hier eine Störung der Raumwahrnehmung und eventuell eine Störung der visuellen Wahrnehmung. Er könnte auch zusätzlich noch Probleme mit der Feinmotorik haben. Sein Verhalten wäre für mich ein Alarmsignal für eine spätere Lernstörung.

Eine aufmerksame Betreuungsperson erkennt das und spricht die Eltern darauf an. So kann schon vor der Schulzeit z. B. durch Ergotherapie etwas verbessert werden.

Anders Lisa. Sie malt unheimlich gerne, aber bei der Vorlesezeit wird sie unruhig. Häufig bleibt sie nicht bis zum Ende der Geschichte sitzen, sondern geht in eine der Spielecken. Sie sagt, Vorlesen wäre langweilig. Auch hier ist es gut, Lisa in anderen Situationen zu beobachten, in denen es um das Zuhören geht. Wie verhält sie sich zum Beispiel, wenn man ihr einen Auftrag gibt? Kann sie diesen gut verstehen und ausführen, auch wenn der Auftrag aus mehr als einem Satz besteht? Vielleicht hat Lisa ein Problem mit dem Hörverstehen. Vielleicht kann ihr Arbeitsgedächtnis längere Informationen nicht gut speichern oder sie kann das Gehörte nicht in innere Bilder übersetzen. Dann wäre Zuhören sehr anstrengend. Kein Wunder, dass Lisa dazu keine Lust hat. In einer guten Betreuung wird auch in diesem Fall in einem Gespräch mit Lisas Eltern auf diese Umstände aufmerksam gemacht.

Wenn Kinder in einer Kita nur frei spielen, werden solche Dinge nicht bemerkt. Auch zu Hause kannst du schon im Vorschulalter aufmerksam beobachten, wie sich dein Kind in unterschiedlichen Situationen verhält und gegebenenfalls daraus erste Rückschlüsse ziehen.

Im Kindergarten einer LRS vorbeugen

Wie bereits erwähnt, können bestimmte Fähigkeiten und Verhaltensweisen Aufschluss darüber geben, ob sich dein Kind auf allen Ebenen normal entwickelt. Nachdem ich dich bereits über frühkindliche Reflexe informiert habe, denke bitte bei allen Auffälligkeiten auch über die Umstände der Geburt nach. Möglicherweise könnte ein frühzeitiges Bewegungstraining nach INPP oder RIT bereits vor der Einschulung dazu beitragen, die Entstehung einer Lese-Rechtschreibschwäche zu verhindern oder zu mildern.

Solche Programme gibt es auch für die Kindergärten. Erzieher und Erzieherinnen können dafür eine zweitägige Fortbildung besuchen. In der Kita gibt es für die Kinder dann ein tägliches 10-Minuten-

Programm mit Übungen, die für alle Kinder von Vorteil sind. Und sie machen Spaß. Gleichzeitig fördern diese kleinen Gruppenübungen wieder das positive Sozialverhalten.

Phonologische Bewusstheit testen

Das Bielefelder Screening ermöglicht es, schon Vorschulkinder darauf zu untersuchen, ob möglicherweise bei Eintritt in die Schule mit Lernproblemen zu rechnen ist. Dieses Verfahren beinhaltet einfache Aufgaben zur phonologischen Bewusstheit, zum Kurz- und Langzeitgedächtnis und zur visuellen Wahrnehmung. Mit einer kombinierten Förderung sowohl der phonologischen Bewusstheit als auch der Buchstaben-Lautkenntnis konnte in einer Studie der Universität Würzburg eindeutig die positive Entwicklung der als Risikogruppe eingestuften Vorschulkinder dokumentiert werden. Dabei wurden 700 Vorschulkinder getestet. Die schwächsten nahmen über 20 Wochen an diesem kombinierten Förderprogramm (hören, lauschen, lernen und hören, lauschen, lernen) teil.

Der Aufwand für die Kindergärten ist gering im Vergleich zum Nutzen für die Kinder. Nach dem Screening genügen täglich 10 Minuten der Spiele des Programms, um nachhaltige Verbesserungen der visuellen und phonologischen Fähigkeiten und der Gedächtnisleistungen zu erreichen.

Besonders viel Spaß macht es den Kindern, wenn Buchstaben mit dem Körper dargestellt werden sollen.

Buchstaben mit dem Körper dargestellt

Sprich doch mal mit der Leitung der Einrichtung, in die dein Kind geht. Leider sind vielen Kindergärten und Vorschulen diese Programme noch immer nicht bekannt. Der Personalmangel erschwert es darüber hinaus, fördernde Programme regelmäßig durchzuführen.

Auch was Mathe angeht, kann schon im Vorschulalter mit Förderung begonnen werden. Die frühe Mathematikförderung wird durch das Programm „Entenland“ von Prof. Gerhard Preiß möglich. In jedem Bundesland werden dazu Schulungen für Kindergärten angeboten. Damit lernen Kinder früh, Formen zu erkennen und zu unterscheiden, Zahlen und Mengen zu kombinieren und diese neuen Erkenntnisse in der Natur wiederzufinden.

Pro und Kontra Ganztagsbetreuung

Für viele Familien stellt sich die Frage: Wohin mit den Kindern? Das Betreuungsangebot für Babys und Kinder unter 3 Jahren wurde seit der Wiedervereinigung massiv ausgebaut, und die meisten Kitas haben heute lange Öffnungszeiten, um den beruflichen Anforderungen der Eltern gerecht zu werden.

Der steigende Anteil berufstätiger Mütter von 2006 bis 2020 hat jedoch Auswirkungen, die sich in den Grundschulleistungen zeigen. Die Nachmittagsbetreuung nach der Schule dient manchmal eher als Aufbewahrung, ohne eine wirkliche Unterstützung bei den Hausaufgaben. Gerade Kinder, die nachmittags nicht auf die Förderung von Mutter oder Vater zurückgreifen können, fallen in ihren schulischen Leistungen nicht selten zurück.

Bayern, mit der niedrigsten Ganztagsbetreuungsquote in Deutschland, zeigt die besten Ergebnisse in den Bildungsstudien VERA (jährlich) und IGLU (alle 5 Jahre). Dies legt nahe, dass die vermehrte Ganztagsbetreuung zu einer Abnahme der schulischen Leistung führen kann. Dies ergab auch eine Analyse verschiedener Studien durch Andrej Priboschek, Herausgeber von „News for Teachers“.

Seine Untersuchung zeigt auf, dass es sich beim Ganztag, wie wir ihn in der Regel haben, um eine Nachmittagsbetreuung handelt. Damit ist gewährleistet, dass die Kinder gut aufgehoben sind, während die Eltern arbeiten. Mehr aber meist auch nicht. Dabei geht es natürlich oft ums Geld. Dass Betreuen billiger ist als schulisches Fördern, bestätigt auch der Bildungsforscher Prof. Wilfried Bos vom Institut für Schulentwicklungsforschung der TU Dortmund.

Die Abteilung Bildung und Familie des Deutschen Instituts für Wirtschaftsforschung (DIW Berlin) stellte in einer Studie mit Daten aus den Jahren 2018 bis 2022 fest, dass für die Entwicklung sozialer Kompetenzen der reine Kontakt zu gleichaltrigen Kindern und Betreuungskräften ausreicht. Dies trifft jedoch nicht auf die Entwicklung schulischer Kompetenzen zu. Hier profitieren laut dieser Studie nur Kinder von alleinerziehenden Elternteilen, Kinder von Eltern mit niedrigem Bildungsstand und Kinder mit Migrationshintergrund auch im Fach Deutsch von der Ganztagsbetreuung.

Ein entscheidendes Ergebnis dieser Studie bezieht sich auf die Freiwilligkeit des Ganztagsangebots: Möchte ein Kind nicht den Nachmittag in einer Betreuung verbringen, profitiert es auch nicht davon. Um auch auf die schulischen Leistungen positiv zu wirken, müssen die Betreuungen qualitativ verbessert werden. Viele Kinder beklagen, es wäre zu laut, um sich zu konzentrieren.

Nach einem langen Tag in der Kita oder dem der Schule angeschlossenen Hort kommen die erschöpften Kinder oft zu erschöpften Eltern nach Hause. Es ist verständlich, dass dann möglicherweise auf TV oder Tablet zurückgegriffen wird, um die Betreuung zu ergänzen, anstatt persönlich vorzulesen oder mit den Kindern gemeinsam ein Spiel zu spielen.

Ich kann das verstehen. In meinen vier Jahren als alleinerziehende Mutter war ich mittags, nach der Arbeit, nicht mehr in der Lage, meinen Jungs wirklich zuzuhören. Das habe ich ihnen erklärt. Nach unserem Mittagsschlaf gab es immer eine Erzählzeit. So haben meine

Kinder gelernt, dass ihre Mutter keine Maschine ist, die immer funktioniert, und sie fühlten sich verstanden und angenommen.

Was du tun kannst

Wenn dein Kind nach der Schule eine Betreuungseinrichtung besucht, dann frage nicht einfach, ob es seine Aufgaben fertig hat, wenn es nach Hause kommt.

Gönnt euch beiden eine gemütliche Pause mit Spielen oder Vorlesen. Es reicht eine Viertelstunde. Dann besprecht gemeinsam alle Hausaufgaben und frage zu den einzelnen Themen nach, ob dein Kind alles verstanden hat.

Wenn dein Kind nicht gerne in diese Einrichtung geht, frage auch hier nach, was die Gründe sind. Möglicherweise geht es ein paar anderen Kindern auch so. Dann könnt ihr schauen, ob ihr euch eine Tagesmutter für die Nachmittagsbetreuung teilen könnt.

SO KANNST DU DEINEM KIND BEI RECHENSCHWÄCHE HELFEN

Wenn dein Kind Probleme mit dem Rechnen hat, können auch hier unterschiedliche Ursachen dazu geführt haben. Nicht jede Rechenschwäche ist eine Dyskalkulie. Genau wie bei der LRS unterscheiden wir angeborene und erworbene Ursachen.

Die Weltgesundheitsorganisation WHO definiert eine Dyskalkulie wie folgt (zu finden unter ICD 10/ F81.2): „Diese Störung besteht in einer umschriebenen Beeinträchtigung von Rechenfertigkeiten, die nicht allein durch eine allgemeine Intelligenzminderung oder eine unangemessene Beschulung erklärbar ist. Das Defizit betrifft vor allem die Beherrschung grundlegender Rechenfertigkeiten, wie Addition, Subtraktion, Multiplikation und Division, weniger die höheren mathematischen Fertigkeiten, die für Algebra, Trigonometrie, Geometrie oder Differential- und Integralrechnung benötigt werden."

Lange Zeit wurde fälschlicherweise behauptet, dass man entweder das Talent für mathematisches Denken habe oder eben nicht. Insbesondere Mädchen wurde dieses Talent abgesprochen, was völliger Unsinn ist. Mädchen können genauso gut Mathematik erlernen wie Jungs. Tatsächlich hat eine Frau die Programme berechnet und geschrieben, die den ersten Flug zum Mond möglich gemacht haben.

Hier spielt das Denken in der Gesellschaft eine bedeutende Rolle, insbesondere der jahrhundertelang durch die Religionen geprägte Anspruch des Mannes nach Vorherrschaft. Die amerikanische Psychologin Janet Hyde berichtete im Jahr 2008 im Wissenschaftsmagazin „Science“ über ihre Forschungen an über 7 Millionen Schülern und Schülerinnen zu den mathematischen Fähigkeiten von Jungen und Mädchen. Sie konnte keine geschlechterspezifischen Unterschiede feststellen. Die Forscher vermuten daher, dass Mädchen womöglich schon im Schulalter von veralteten Stereotypen beeinflusst werden und dadurch vielleicht sogar an einer naturwissenschaftlichen oder technischen Karriere gehindert werden. Bleibt zu hoffen, dass die Studie dazu beitragen kann, das alte Vorurteil zu überwinden.

Mathematisches Denken verstehen

Das Erkennen einer Rechenschwäche ist gar nicht so einfach. Durch Zählen, auch heimlich, können sich Kinder recht gut durch die ersten beiden Schuljahre in Mathe hindurchschummeln. Oft fällt erst mit Beginn der 3. Klasse auf, dass es Probleme mit dem Rechnen gibt. Darum erzähle ich dir im Folgenden etwas über die Grundlagen des mathematischen Denkens und worauf es ankommt, ein guter Rechner zu werden.

Was ist eigentlich „Mathematik“ und welche Grundlagen sind zu ihrem Erlernen notwendig? Dies ist die wichtigste Frage, die wir uns zu Beginn unserer Beschäftigung mit jeder Art von Rechenschwäche beantworten sollten.

„Mathematik ist die Sprache, die die Welt beschreibt“, sagte Prof. Gerhard Preiß, emeritierter Professor für die Didaktik der Mathematik aus Kirchzarten, auf einem Symposium des Dachverbandes Legasthenie Deutschlands. Er erklärte, dass das Buch der Natur in den Buchstaben der Mathematik geschrieben wurde. Diese „Buchstaben“ sind die geometrischen Formen, die unsere Umwelt beschreiben, wie es schon Galileo Galilei formuliert hat.

Mathematisches Denken beginnt mit der Geburt

Wenn ein Kind geboren wird, beginnt es die Welt zu sortieren, zunächst noch auf unreflektierte Weise. Das bedeutet, dass das Kind sein Handeln noch nicht bewusst überdenken und daraus Schlussfolgerungen ziehen kann. Allerdings kann es bereits Reaktionen als freundlich oder unfreundlich sowie Gefühle als angenehm oder unangenehm klassifizieren. Mit der weiteren Entwicklung differenzieren sich diese Klassifizierungen immer weiter aus, und das Kind beginnt, Einzelnes in verschiedene Kategorien zu unterteilen. Es lernt, zwischen hell und dunkel, hart und weich zu unterscheiden, aber auch zwischen heller und dunkler, härter und weicher.

Mit einem Jahr kann das Kind Formen klassifizieren und beginnt, den Dingen „Namen" zu geben. Im Alter von 3 Jahren kann ein Kind in der Regel Dinge nach Gemeinsamkeiten und Unterschieden ordnen. In diesem Alter beginnt es auch, zu zählen, oft noch in einer Weise wie 1, 2, 5, 3, 7, 10, ohne Kenntnis der richtigen Reihenfolge und der Mengenbedeutung hinter der Zahl. Es wiederholt, was die Erwachsenen ihm vorsprechen. Ohne dieses Verständnis kann es jedoch das mengenmäßige „größer als" bzw. „kleiner als" nicht verstehen, ebenso wenig wie das Prinzip, dass der Unterschied zur nächsten Zahl immer 1 ist, wobei es sich um 1 Teil von etwas handelt.

Bleibt das Kind in seiner Entwicklung aus irgendeinem Grund stehen, wird es Schwierigkeiten haben, wirklich das Rechnen zu lernen. Es wird einfache Aufgaben mithilfe des Abzählens oder Auswendiglernens bewältigen können. Daher fällt Dyskalkulie oft erst am Ende der 2. Klasse auf. So lange behelfen sich die Kinder mit dem Abzählen und nutzen dabei nicht immer die Finger. Einige Kinder, denen das Fingerzählen früh verboten wurde, entwickeln andere Methoden des Zählens wie zum Beispiel das Blinzeln mit den Augen. Kommen größere Zahlen und Mengenoperationen ins Spiel, verlieren die Kinder den Anschluss. Spätestens in Klasse 3 sollen nämlich Rechenoperationen durchgeführt werden, die die Automatisierung der Grundlagen voraussetzen.

Gibt es ein Talent für Mathe?

In der Tat können einige Menschen besser logische Zusammenhänge der Mathematik verstehen als andere. Dies ist aber nicht vom Geschlecht abhängig. Generell unterscheidet man – auch in der Mathematik – zwischen intuitivem Lernen und kulturellem Lernen.

Prof. Dr. Elisabeth Stern, Professorin für Lehr- und Lernforschung an der ETH-Zürich, erklärt dies sehr anschaulich an folgendem Beispiel: „Hier sind 5 Vögel, dort sind 3 Würmer. Stell dir vor, alle Vögel fliegen los und jeder versucht, einen Wurm zu bekommen. Wie viele Vögel bekommen keinen Wurm?“ 96 % aller 6-Jährigen konnte diese Aufgabe lösen. Sie konnten sich ein Bild von dem Geschehen machen und intuitiv zur richtigen Lösung kommen.

Lautet die Aufgabe jedoch „Hier sind 5 Vögel, dort sind 3 Würmer. Wie viel mehr Vögel als Würmer sind da?“, lösten es nur noch 25 % der Kinder. Hier war ein abstrakteres Denken gefordert, dies nennt sich „kulturelle Mathematik“. Die Grundlage zur kulturellen Mathematik ist die Fähigkeit zur Abstraktion. Leider wird diese Fähigkeit in der Schule zu früh vorausgesetzt. Sie muss sich erst durch Übung entwickeln.

Sollte dein Kind Schwierigkeiten beim Erlernen des Rechnens haben und Probleme beim Einsatz kultureller Mathematik zeigen, könnte eine Rechenschwäche die Ursache sein. Möglicherweise findet es Ergebnisse intuitiv, aber es könnte Schwierigkeiten bei abstrakten Fragestellungen haben. In diesem Fall könnte eine Rechenschwäche vorliegen, die untersucht werden sollte, um die genaue Ursache zu identifizieren.

Rechenschwierigkeiten können verschiedene Gründe haben. Es könnte sein, dass ein Kind Schwierigkeiten mit der Lehrkraft hat oder bereits vor der Einschulung negative Überzeugungen über seine mathematischen Fähigkeiten entwickelt hat. Es könnte jedoch auch eine echte biogenetische Rechenschwäche vorliegen, deren Ursachen in der neuronalen Verknüpfung bestimmter Hirnbereiche liegen.

Dyskalkulie ist immer individuell

Die Forschung zur Dyskalkulie, der Rechenschwäche, läuft erst seit etwa 50 Jahren, und die Ergebnisse sind noch nicht so umfassend wie bei der Lese-Rechtschreibschwäche (LRS). Jede Dyskalkulie ist jedoch so einzigartig wie das betroffene Kind. Es ist wichtig, die genaue Art und den Umfang der unterschiedlichen Wahrnehmungen zu untersuchen und diese Wahrnehmungsdefizite parallel zu den gemachten Fehlern zu schulen.

Im Allgemeinen spricht man von einer LRS oder Dyskalkulie, wenn der sprachunabhängige Intelligenztest mindestens einen durchschnittlichen Wert zeigt, das sogenannte IQ-Diskrepanzkriterium. Wenn die Intelligenz unterdurchschnittlich ist, wird dies oft fälschlicherweise als Ursache für die Lernschwierigkeiten angenommen. Es ist jedoch wichtig zu betonen, dass der Grad der Intelligenz nur begrenzte Aussagen über die Lernfähigkeit im Allgemeinen trifft und nicht zwingend die Ursache für eine Lernstörung ist.

Eine biogenetische Lernstörung kann auch bei einer Intelligenzminderung die wahre Ursache der Probleme sein. Genauso können hier auch die frühkindlichen Reflexe, Störungen im Hörverstehen und erworbene Defizite eine Rolle spielen.

Eine tiefgehende Diagnostik ist also wichtig, leider aber nicht überall so leicht zu bekommen. Immerhin wurde die Rechenschwäche inzwischen in einigen Bundesländern wie z. B. in Schleswig-Holstein in den Fördererlass mit aufgenommen.

Darüber hinaus macht die Art und Weise, wie Mathematik unterrichtet wird, einen großen Unterschied. Es ist durchaus möglich, dass dein Kind in der Schule nicht den passenden Unterricht hat, um die Geheimnisse der Zahlenwelt zu verstehen. Manche Lehrkräfte setzen Mengenverständnis und Raumorientierung voraus. Doch weiß man heute, dass gut die Hälfte aller Erstklässler diese Fähigkeiten in Klasse 1 noch nicht ausreichend entwickelt hat. Leider wird dieser Erkenntnis selten durch spezielle Vorübungen Rechnung getragen.

Wie du eine Rechenschwäche erkennen kannst

Wie bereits bei der Lese-Rechtschreibschwäche (LRS), gibt es auch bei der Rechenschwäche keine eindeutigen Hinweise, die auf jedes Kind zutreffen. Dennoch lassen sich bei genauer Beobachtung des Kindes und seiner Reaktionen auf Zahlen und Mengenaufgaben einige Anzeichen erkennen. Ähnlich wie bei der LRS, versuchen Kinder mit Rechenschwäche oft, der Beschäftigung mit Zahlen auszuweichen, da dies in ihnen ein ungutes Gefühl auslöst.

Hier einige Beispiele:

- Dein Kind hat Defizite in visueller Wahrnehmung und Raumorientierung. Diese müssen nicht, können aber zu einer Rechenschwäche führen.
- Dein Kind versteht Gemeinsamkeiten und Unterschiede nicht, z. B.: Worin unterscheiden sich Vögel von Pferden? – An der Anzahl der Beine.
- Über- und untergeordnete Begriffe werden nicht verstanden: Dein Kind sagt beispielsweise: „Auf dem Bild sind mehr Katzen als Tiere."
- Dein Kind versteht Anzahl und Größen nicht: 5 große Bälle sind für das Kind mehr als 5 kleine Bälle.
- Die Zahl wird als Platz auf einer Linie, nicht als Menge verstanden.
- Auch nach 3 Monaten Unterricht der Klasse 1 zählt es noch die Finger, sogar im Bereich bis 5.
- Es fällt deinem Kind schwer, von 5 aus weiter zu zählen.
- Plus und Minus werden verwechselt, Umkehraufgaben nicht erkannt.
- Dein Kind hat keinen Mengenbezug zu den Rechenoperationen hergestellt und kann diese nicht mit Ereignissen aus seiner Erlebenswelt verknüpfen. „Ich hatte 5 Bonbons, 2 habe ich gegessen, es bleiben 3 übrig."

- Es gelingt ihm die Zehnerüberschreitung auf Dauer nicht.
- Die Zahlzerlegung gelingt ihm nicht oder nur bis 5.
- Es macht anhaltende Zahlendreher auch noch Ende Klasse 2. Davor darf es gelegentlich vorkommen.
- Dein Kind verknüpft Einer und Zehner willkürlich.
- Dein Kind kann nicht am Ergebnis erkennen, dass es falsch gerechnet hat, z. B. 10 + 7 = 107.
- Das 1 × 1 kann nur auswendig nachgesprochen, nicht jedoch angewendet werden.
- Dein Kind zeigt Unlust, stört im Unterricht oder wirkt bedrückt und zieht sich zurück.
- Dein Kind lernt nur schwer die Uhr.
- Es weiß nicht, welche Zahlen in welcher Reihenfolge auftreten.
- Es hat Schwierigkeiten, Zahlen zu schreiben, zu erkennen und richtig zu benennen.
- Dein Kind wirkt total vergesslich.
- Es kann eine mündliche Aufgabenstellung nicht wiedergeben.
- Es kann bei Textaufgaben nicht verstehen, was von ihm verlangt wird und daraus eine Aufgabenstellung entwickeln, obwohl es gut liest.
- Es erfindet Rechenregeln oder Erklärungen, z. B. „Papa hat aber gesagt ...“
- Es bekommt körperliche Symptome, wenn es rechnen soll, z. B. Kopfschmerzen.
- Es braucht unverhältnismäßig viel Zeit für die Hausaufgaben bzw. Aufgaben im Unterricht.
- Dein Kind versteht nicht die Bedeutung des Gleichheitszeichens.
- Es versteht Geld und Werte nicht.
- Es kann Zahlen nicht oder nur schwer von anderen Symbolen unterscheiden.
- Dein Kind entwickelt eine Schulangst oder Angst in Bezug auf Fächer, in denen gerechnet werden muss, bzw. Angst vor den jeweiligen Lehrern und Lehrerinnen.

Stell dir als Elternteil folgende Fragen:

- Weiß mein Kind, was zu tun ist?
- Kann es die Rechenereignisse auf den Stufen 1 und 2 nach Aebli (Kapitel „Früh beginnen") darstellen?
- Ist es ihm möglich, sich zu jeder Aufgabe eine Geschichte auszudenken?
- Ist es sich der Zusammenhänge einzelner Aufgaben bewusst?
  $6 + 3 = 3 + 6$ also ist $4 + 6 = 10$ und $4 + 7 = 11$
  $3 \times 4 = 12$ also ist $4 + 4 + 4 = 12$

So findest du die richtige Therapie bei Dyskalkulie

Genauso wie bei der LRS-Therapie kommt es darauf an, dass die Mitarbeiter der Praxis eine gute Ausbildung besitzen und dein Kind in Einzelstunden betreut wird.

Wenn bei deinem Kind eine Rechenschwäche festgestellt wurde, ist es wichtig, die richtige Förderung zu finden. Nicht jeder Mathelehrer und jede Mathestudentin, die in ihrer Freizeit Nachhilfestunden geben, aber auch nicht jeder Lerntherapeut sind dafür geeignet.

Bei einer Rechenschwäche müssen verschiedene Wahrnehmungsaspekte nachtrainiert werden, darunter die Raumwahrnehmung, das optische Gedächtnis und verschiedene Formen der Serialität – also die Wahrnehmung von Reihenfolgen. Um diese Aspekte zu erfassen, wird in der Regel ein Wahrnehmungstest durchgeführt.

Besonders wichtig ist aber auch das Training des mathematischen Denkens. Dazu gehört die genaue Analyse des Denkwegs des Kindes für jeden Aufgabenbereich. Dies ist bei jedem Übungsschritt und Thema als Erstes durchzuführen. Auf dieser Grundlage können dann anschauliche Erklärungen das falsche Denken aufdecken und die richtigen Strategien und Rechenfertigkeiten vermittelt werden.

Matheübungshefte, wie sie von verschiedenen Verlagen angeboten werden, sind erst dann sinnvoll, wenn diese Schritte bereits vollzogen wurden. Sonst würde dein Kind die vorgelegten Aufgaben weiterhin auf die falsche Weise lösen und nicht zu neuen Erkenntnissen gelangen.

Kreativ veranschaulichen

Es ist wichtig zu betonen, dass bei der Förderung von Kindern mit Rechenschwäche nicht die Devise „Viel hilft viel" gilt. Es kommt vor allem auf die inhaltlichen Qualitäten der Erklärungen und Übungen an. Manchmal ist es notwendig, sehr kreativ neue Wege der Veranschaulichung zu gehen. Diese Kreativität zeichnet gute Lerntherapeuten und Lerntherapeutinnen aus. Sie stimmen ihre Methoden immer auf das einzelne Kind und dessen persönliche Eigenheiten ab. Diese sollten letztendlich dazu führen, dass dein Kind die von der Schule geforderten Techniken erlernen und umsetzen kann.

Um solch einen Therapeuten zu finden, gibt es keine einheitlichen Empfehlungen. Letztendlich gilt es, nach intensiven Gesprächen auszuprobieren, ob dein Kind auf das angebotene Training anspricht. Du bist beim Zentrum zur Therapie der Rechenschwäche immer gut aufgehoben und auch die Duden-Institute bieten sehr kompetente Beratungen und ein gutes Einzeltraining (Adressen findest du im Anhang).

Einzeltherapie führt zum Erfolg

Gerade in Mathe ist eine Gruppentherapie sinnfrei. Die Förderkraft muss im Einzelgespräch die Denkwege deines Kindes ergründen und ihm dann die richtigen Wege aufzeigen. Dabei ist es notwendig, genau aufzupassen, dass dein Kind nicht aufgrund falscher Automatisierung immer wieder in seine alten Denkmuster zurückfällt.

Darum ist die Therapie der Dyskalkulie oft aufwendiger und für beide Seiten anstrengender als die Therapie der LRS.

LERNTHERAPIE BEIM ZENTRUM ZUR THERAPIE DER RECHENSCHWÄCHE

Die Trainer und Trainerinnen des Zentrums zur Therapie der Rechenschwäche sind besonders spezialisiert auf Kinder mit zum Teil gravierenden Problemen in Mathematik. Auf der Website des Zentrums findest du Kontaktadressen für dein Bundesland. Hier wird dein Kind auch mit den geeigneten Methoden getestet.

Auf seiner Website bietet das Zentrum im Bereich Downloads Informationen und Testmaterial an. Außerdem gibt es das „Rechenschwächemagazin" heraus. Dieses kannst du kostenlos abonnieren.

Früh beginnen

Wenn du eine erworbene Rechenschwäche verhindern oder eine angeborene Dyskalkulie abschwächen möchtest, ist es wichtig, möglichst schon im Alter von 3 bis 4 Jahren damit zu beginnen, mathematisches Denken zu schulen. Schau dir daher einmal an, welche Grundlagen zum Erlernen der Mathematik notwendig sind und wie du diese am besten früh fördern kannst.

Die allgemeinen Fähigkeiten, die ein Kind beherrschen muss, um Rechnen zu lernen, sind:

- Orientierung im Raum,
- Sortieren und Ordnen,
- Verständnis von Menge und Zahl,
- Wechsel der Bezugsebenen (von der Handlung hin zur Abstraktion)
- und die Fähigkeit, dies sprachlich auszudrücken.

Eine der grundlegenden Teilleistungen, die es einem Kind ermöglichen, Mathematik zu erlernen, ist die Raumorientierung. Diese beginnt mit der Unterscheidung von rechts/links, oben/unten, hinten/vorn sowie früher/später. Viele Eltern und Lehrkräfte nehmen an, dass Kinder im schulpflichtigen Alter diese Fähigkeiten bereits weitgehend beherrschen. Eine Herausforderung besteht jedoch darin, dass die Raumwahrnehmung von einem Bezugspunkt abhängig ist. Wenn es einem Kind schwerfällt, diesen Bezugspunkt zu identifizieren, kann es die genannten Unterscheidungen nicht treffen.

Blick in die Praxis

Pierre beispielsweise erkennt nicht, dass er selbst mit seiner Blickrichtung als Bezugspunkt dient. Für ihn sehen alle Seiten des Würfels gleich aus, und er kann nicht zwischen vorne und hinten unterscheiden. Wenn er eine Reihe von Zahlen betrachtet, kann er nicht sagen, dass die 5 vor der 6 und nach der 4 kommt. Pierre hat generell Schwierigkeiten mit Richtungen, was sich beim Einhalten der Arbeitsrichtung „von links nach rechts" bemerkbar macht – er bringt beide Richtungen durcheinander. Dies ist aber besonders wichtig bei Rechenoperationen.

Das Sortieren und Ordnen fällt Pierre ebenfalls schwer. Er versteht nicht, nach welchen Prinzipien er ordnen soll. Begriffe wie „größer als" und „kleiner als" sind ihm in Bezug auf Zahlen ein Rätsel, da ihm das Mengenverständnis dahinter fehlt.

Bei der Aufgabenstellung: Welche Zahl ist die Größte?

4 7 3 1

würde Pierre die 1 nennen, da sie ganz groß gedruckt ist.

Abstraktes Denken ist die Basis für Rechnen

Im Schulalltag wird vorausgesetzt, dass Kinder mühelos abstrakte Vorstellungen entwickeln können. Es werden ihnen zum Beispiel 5 Äpfel auf einem Bild gezeigt. Davon sind jedoch 3 bis auf das Kerngehäuse abgenagt. Sie sollen nun angeben, um welche Rechenaufgabe es sich hier handeln könnte.

Die Fähigkeit zu dieser Abstraktion ist jedoch vielen Kindern nicht möglich und auch nach einer Erklärung wie „Das Bild zeigt die Aufgabe 5 – 3 = 2“ werden viele Kinder sagen: „Aber da sind doch immer noch 5 auf dem Bild, wieso denn 2?“

Abstraktion ist für Rechnen wichtig

Sich vorzustellen, dass 3 Äpfel aufgegessen wurden, die Kerngehäuse also nur die gegessenen Äpfel symbolisieren, fällt ihnen schwer.

Gerade die Fähigkeit zur Vorstellung von Mengen ist eine grundlegende Voraussetzung für das Erlernen des Rechnens. In Pierres Fall, bei der Aufgabe, die größte Zahl zu bestimmen, fehlt ihm die Vorstellung, dass jeder Zahl eine bestimmte Menge zugrunde liegt. Die Zahl steht im Verhältnis zu der Menge, und diese Mengen können im Vergleich zueinander als „mehr als“, „weniger als“ oder aber als „größer als“ und „kleiner als“ geordnet werden.

Wenn in der Schule mehr Wert auf das reine Zählen gelegt wird als auf das Erkennen der Zusammenhänge zwischen Menge und Zahl, erfolgt die Operation nur auf sprachlicher Ebene. Hierbei wäre es problematisch, bereits früh im Unterricht den „Zahlenstrahl“ einzuführen, da die Kinder dazu neigen, eine Zahl als einen Punkt auf einer Linie zu betrachten, anstatt als Strecke zwischen zwei Positionen. Der Zahlenstrahl ergibt erst Sinn, wenn die vollständige Bedeutung der Mengen verstanden wurde.

Rechenschwache Kinder betrachten Zahlen oft nicht als Mengen. Daher ist es grundlegend wichtig, von dem aktuellen Schulmaterial abzuweichen und sich auf das erfassende Denken in Bezug auf Mengen zu konzentrieren, um diese Defizite schnell zu beheben. Erst danach kann das Kind mit dem regulären Schulstoff fortfahren.

Das 4-Stufen-Modell nach Hans Aebli

Christina Buchner, die Rektorin einer Grundschule in München, betont in ihrem Buch „So lernen alle Kinder rechnen“, wie entscheidend die Handlungsebene als Einstieg in die Welt der Mathematik ist. Sie ist die erste Stufe für das Erlernen der Mathematik. Die Kinder lernen zum Beispiel zunächst, die Zahl 7 als Platzhalter an der 7. Stelle und als Symbol für 7 Gegenstände zu verstehen. Dies wird durch handelnde Erfahrungen verinnerlicht. Dabei wird auch die Orientierung im Raum mit einbezogen. Buchner beginnt stets mit der 1. Stufe nach Aebli, damit alle Kinder eine gute Basis aufbauen können.

Anschließend, in der 2. Stufe, folgt die bildliche oder objektgestützte Darstellung einer konkreten Rechenoperation.

Es stehen 6 Schafe auf der Weide. 3 Schafe kommen neu dazu.

Die Kinder können dies auch mit Wendeplättchen handelnd ausführen.

Es stehen 6 Schafe auf der Weide. 3 Schafe kommen neu dazu.

In der 3. Vorgehensstufe wird die Symbolisierung erarbeitet. Nun stellen Ziffern und Rechenzeichen die vorher als Bild oder mit Objekten erarbeitete Gleichung dar: 6 + 3 = 9.

In Stufe 4 ist das Kind in der Lage, Rechnungen automatisiert und losgelöst von ihrer ursprünglichen Bedeutung auszuführen. Es kann nun auch neue Rechengeschichten zu den Gleichungen erfinden.

Formen und Farben als Beginn mathematischer Entdeckungen

Das Kind kann Beziehungen erkennen, wie zum Beispiel „12 ist das Doppelte von 6", und diese logisch erweitern.
Zum Beispiel: von 6 + 6 = 12, dann ist 6 + 7 = 1 mehr als 12, also 13.

Bei der Bearbeitung von Sachaufgaben in der Division ist jedoch Vorsicht geboten. Zum Beispiel: „Es sollen 18 Bonbons auf 6 Kinder verteilt werden. Wie viele Bonbons bekommt jedes Kind?" Hier ist es wichtig zu prüfen, ob das Kind die Aufgabenstellung in eine korrekte Handlung umsetzen kann.

Ich erkläre es dir hier in einem Beispiel:
Die Kinder werden aufgefordert, zur Aufgabe 18 : 6 Bilder zu malen.
Richtig wäre, 6 Kreise mit jeweils 3 Objekten darin zu zeichnen, denn es werden 18 Objekte (Bonbons) auf 6 Kreise (Kinder) verteilt.
Falsch wäre, 3 Kreise mit 6 Objekten zu malen. Diese Aufgabe hieße: 18 : 3.

Das 4-Stufen-Modell von Hans Aebli sollte die Grundlage für jeden Mathematikunterricht sein. Aebli, Professor für Psychologie in der Bildungswissenschaft an der Universität Konstanz, vertrat die Ansicht, dass das Kind nicht „lernen", sondern Tätigkeiten meistern will. Der Schulstoff wird von Kindern besser gelernt, wenn er in interessante Tätigkeiten eingebunden ist. Dieser Ansatz findet in den Naturwissenschaften seit Jahren Beachtung, in der Mathematik jedoch viel zu wenig. Oft wird zu schnell von den Stufen 2 und 3 zu Stufe 4 übergegangen, wobei Stufe 1 in der Regel vorausgesetzt wird.

Das Erkennen von Mustern und Gesetzmäßigkeiten bereitet rechenschwachen Kindern ebenfalls Schwierigkeiten. Die Tatsache, dass sich zum Beispiel 12 + 5 und 22 + 5 nur im Zehner unterscheiden, wird von ihnen nicht verstanden. Für diese Kinder stellt jeder Rechenschritt eine neu zu bewältigende Hürde im Dschungel der Zahlen und Rechenoperationen dar.

Formen lernen mit dem Entenland-Programm

Je früher wir anfangen, spielerisch die Welt zu klassifizieren und zu ordnen, desto leichter entwickeln Kinder die Denkmuster, die ihnen in der Schule helfen, Mathematik richtig zu verstehen und anzuwenden.

In seinem Programm „Entenland“ für die mathematische Frühförderung zeigt der Mathematik-Didaktiker Prof. Gerhard Preiß aus Freiburg auf fantasievolle und kreative Weise, wie Kinder bereits ab einem Alter von 2½ bis 3 Jahren an mathematisches Denken und Handeln herangeführt werden können. Der Ansatz beginnt damit, dass Kinder lernen, Farben zu unterscheiden, und fügt dann ebene Formen (zweidimensionale Formen wie Dreieck und Kreis) hinzu. Die Kinder ordnen Spielelemente nach Formen, Farben und Kombinationen aus beidem. Dabei wird alles stets benannt, da die Sprache als wichtigster Weg gilt, Verstandenes dauerhaft zu speichern. Auch die Richtungen „innen“ und „außen“ werden eingeführt, wobei Wiederholungen für den Prozess der Automatisierung unerlässlich sind.

Der nächste Schritt im Entenland-Programm ist die simultane Erfassung von Mengen bis 5. Die Kinder üben beispielsweise, mit einem Seil gleichzeitig 3 Enten zu fangen und ans Ufer zu ziehen. Auf der Spielfläche, dem „Teich“, gibt es jedoch viele Enten. Die Kinder schulen dabei das spontane Erkennen des Bildes einer 3 als Menge.

Generell kann unser Gehirn Mengen bis 5 auf einen Blick erfassen; 6 wird bereits als 5 + 1 wahrgenommen. Nur das Würfelbild der 6 mit 6 gleichmäßig angeordneten Punkten ist in der Regel konditioniert. Wird dieses Würfelbild jedoch verzerrt dargestellt, ist es den Kindern oft nicht mehr möglich, die Menge 6 visuell zu erfassen.

Bedeutung von Zahlen erfahren im Zahlenland

Nachdem die simultane Erfassung automatisiert ist, können räumliche Figuren wie Pyramide und Würfel, Gewichte sowie die Richtungen oben und unten hinzukommen. Am Ende des Entenland-Projekts können die Kinder alle Richtungen sicher benennen, Formen und Farben unterscheiden und haben ein Verständnis für Menge und Zahl entwickelt. Die Entenland-Programme werden den Kitas mit Schulungen und speziell entwickelten Materialien angeboten.

Im „Zahlenland" üben die Kinder nun spielerisch weiter, erst bis 10, dann bis 20. Sie bauen mit Reifen, die auf dem Boden ausgelegt werden, für jede Zahl ein Haus. In der Natur entdecken sie, was die Zahl, z. B. 5, bedeutet. Das Haus der 5 wird gefüllt mit einem getrockneten Seestern, der 5 Arme hat, einer Blume mit 5 Blütenblättern und ähnlichem. Sie erkennen, wie die Zahl hilft, die Welt, in der sie leben, zu beschreiben. Ihre schon im Entenland erworbenen Formkenntnisse lassen sie nun auch weitere Dinge aus ihrer kindlichen Erlebenswelt auf selbstverständliche Weise beschreiben. Der Zahlenweg aus Teppichfliesen hilft den Kindern, die Ordnung der Zahlen zu begreifen. Beim Abschreiten des Zahlenwegs erfahren sie „davor" und „danach".

Auf diese Weise lernen Kinder die Bedeutung von Zahlen und ihre Ordnung verstehen. Wenn sie nun in der Schule Rechnen lernen sollen, können sie einen Bezug zwischen Zahl und Umwelt herstellen. Schon früh geübt gelingt ihnen dies nun völlig selbstverständlich.

Kindergärten und Vorschulklassen könnten einen großen Beitrag dazu leisten, Rechenschwächen zu minimieren und Mathe zu einem interessanten Entdecken der Welt, in der wir leben, zu machen.

Auch du als Elternteil kannst deine Kinder auf ähnliche Art zu Hause fördern. Im Spielwarenhandel gibt es zahlreiche Spiele, die du zu Hause mit deinem Kind spielen kannst, um es anschaulich zu fördern und in seinen Fertigkeiten zu unterstützen. Eine Liste von empfehlenswerten Spielen findest du am Ende dieses Kapitels ab Seite 192.

So beugst du einer Rechenschwäche vor

Wenn du Familienmitglieder hast, die als Kind unter einer LRS litten oder sich mit dem Rechnen schwertaten, dann besteht die Möglichkeit, dass auch dein Kind von einer biogenetischen Lernstörung betroffen ist. Da sich diese Störungen vererben, ist es sinnvoll, aufmerksam zu sein. Manchmal wird eine Generation übersprungen. Auch sind nicht immer alle Geschwisterkinder betroffen. Mein jüngerer Sohn hatte zum Beispiel keine Lernstörung, kann diese aber an seine Kinder vererben. Lag bisher in der Familie eine LRS vor, bedeutet das nicht, dass keine Rechenschwäche möglich ist. Die Ausprägung und Betroffenheit der Neuronen sind sehr unterschiedlich Klare Strukturen bei dieser Vererbung sind bisher nicht bekannt. Wenn der Onkel deines Kindes beispielsweise eine LRS hat, so ist es dennoch möglich, dass dein Kind eine Rechenschwäche bekommt.

Eine angeborene Rechenschwäche lässt sich nicht verhindern. Durch frühe spielerische Förderung kannst du diese jedoch abschwächen.

Raumwahrnehmung fördern

Für Mathe ist die Raumwahrnehmung sehr wichtig. Das bedeutet, dein Kind kann sich im dreidimensionalen Raum orientieren. Es hat eine klare Vorstellung davon, wo es sich befindet, und es weiß, wie seine aktuelle Körperhaltung ist. Darauf kann es angemessen reagieren.

Auch im zweidimensionalen Raum kann dein Kind sich gut orientieren. Das bedeutet, es kann beim Malen Begrenzungen einhalten.

Es kann verhältnismäßig gleichmäßige Linien ziehen, als rundlich erkennbare Kreise malen und eckige Formen haben keine Lücken.

Bewegung fördert mathematisches Denken

In erster Linie ist Bewegung förderlich für die Raumwahrnehmung. Also geh oft mit deinem Kind auf den Spielplatz und zum Kinderturnen. Lass dein Kind viel klettern. Dabei soll es auch über Kopf von Reckstangen herunterhängen und sich wieder aufrichten.

Am Boden sind klassische Turnübungen wie der Purzelbaum förderlich. Lass es auf kleinen Mauern und Baumstämmen balancieren. Die meisten Kinder lieben das. Hat dein Kind bei diesen Übungen Probleme, denke an die Umstände der Geburt. Eventuell braucht dein Kind Unterstützung per INPP/RIT oder eine Ergotherapie. INPP steht für Institute for Neuro-Physiological Psychology, RIT bedeutet Rhythmische Integrationstechnik. Beide Methoden untersuchen und behandeln fortbestehende frühkindliche Reflexe.

Ordnen, klassifizieren, zählen

Du kannst dein Kind schon früh mit Kleinkindspielzeug dabei unterstützen, Formen zu erkennen und zuzuordnen. Es gibt dafür Boxen mit Löchern in unterschiedlichen Formen sowie die dazu passenden Spielsteine. Dein Kind wird diese Spielsteine greifen und ertasten. Es wird sie in den Mund stecken und die Form auf diese Weise ebenfalls sensorisch erfahren. Nun lernt es, die richtige Form auf die richtige Weise in das passende Loch zu stecken. Begleite dein Kind bei solchen Spielen immer wieder sprachlich. „Das ist eine Würfelform. Schau mal, eine Fläche davon hat vier gleiche Seiten. Findest du das Loch, das genauso aussieht?“

Noch mehr spielerische Förder-Ideen

- Jede Art von Puzzle ist nicht nur förderlich für die Raumwahrnehmung. Dein Kind lernt auch hier, Teile zu unterscheiden und gleiche Teile zu sortieren. Lass dein Kind nicht nur allein das

Puzzle entdecken. Kinder mit einer differenten Wahrnehmung können ohne Hilfestellung schnell frustriert aufgeben. Frage dein Kind, ob es die Kantenteile finden kann. Rege es an, sich die Unterschiede der einzelnen Teile genau anzusehen und lass dir diese Unterschiede beschreiben. Da dein Kind noch nicht so viele Wörter kennt, kannst du hier auch seine Sprachfähigkeit erweitern. „Sieh doch mal, dieses Teil hat eine dicke Lippe. Sie ist etwas nach unten geneigt. Findest du ein Teil, das ähnlich aussieht?“ Dann lernt dein Kind, mehr zu sagen als: „Das Teil hier ist ganz dick.“ Ermuntere dein Kind, beschreibend zu sprechen. So schlägst du zwei Fliegen mit einer Klappe.

- Lass dein Kind überall im Alltag Dinge zählen und ordnen. Was habt ihr eingekauft? „Stell doch mal alle Dosen auf den Tisch. Sortiere mir die Dosen bitte nach ihren Inhalten.“
- Wie viele Schuhe stehen im Flur? Welche Schuhe sind groß? Welche Schuhe sind klein? Welche Unterschiede siehst du noch? (Farbe, Formen, Schnürsenkel oder Klettverschluss)
- Welche Zahlen sind auf dem Nummernschild, Bus, den Hausnummern ...?
- Wie unterscheiden sich die Vögel im Garten? Wie viele sind es? Blätter sammeln und aufkleben: Wie unterscheiden sich die Blätter?
- Ein Hut, ein Stock, ein Regenschirm: Geht nebeneinander im Gleichschritt. Auf rechts wird gezählt, auf links heißt es „und“ – 1 und 2 und 3 und 4 ... Bei 10 folgt im Schrittmaß: „Ein Hut, ein Stock, ein Re-gen-schirm“. Nun bleibt ihr stehen, sagt „und“ und bewegt das freie rechte Bein „vorwärts- rückwärts-seitwärts-ran“. Bein abstellen. Mit links geht es wieder los auf „und“. Durch die Bewegung prägen sich die Zahlen gut ein.

Dir werden bestimmt noch mehr Möglichkeiten einfallen, mit deinem Kind die Umwelt zu beobachten und darüber zu sprechen. Nebenbei lernt dein Kind, seine Umwelt aufmerksam wahrzunehmen.

Typische Fehler im Matheunterricht

„Das wird sich mit der Zeit verbessern. Ihr Kind braucht einfach ein wenig mehr Übung." Nicht nur beim Lesen und Schreiben, sondern auch beim Rechnen bekommen besorgte Eltern diese Antwort oft von den Lehrkräften ihres Kindes, wenn sie sich in der Schule nach dem Fortschritt erkundigen. Wenn dein Kind Schwierigkeiten mit dem Rechnen hat, dann lass dich nicht vertrösten.

Zu früh

Der erste Fehler, der häufig in der Schule gemacht wird, ist das zu frühe Fortfahren im Stoff. Der nächste Lernschritt wird verlangt, bevor der vorherige richtig gespeichert wurde. Für viele Kinder mag das nicht so schlimm sein. Aber jeweils etwa 25 % der Schüler und Schülerinnen einer Klasse benötigen außerschulische Unterstützung oft schon am Ende von Klasse 1, um mit dem Tempo mithalten zu können. Gerade in Bezug auf das 1 × 1 müssen aber drei wichtige Voraussetzungen erfüllt sein, bevor weiter vorangegangen werden kann.

Verstehen des Mal-Begriffes

Auch nicht rechenschwache Kinder haben mit dem Verständnis des „Mal-Begriffes" oft noch lange Zeit ihre Probleme. Doch ohne ein sicheres Operationsverständnis ist die Automatisierung des 1 × 1 nicht möglich. Dies wird jedoch oft durch das reine Auswendiglernen ohne Verstehen überdeckt und in schriftlichen Lernstandüberprüfungen nicht hinterfragt. Helfen kann hier nur ein konsequenter differenzierter Unterricht und eine genaue Hinterfragung des Gedankengebildes des Kindes zu der Maloperation.

Sicherheit mit Einern und Zehnern

Die nächste wichtige Voraussetzung ist die Sicherheit im Umgang mit Einern und Zehnern. Hat ein Kind die Stellenwerte nicht begriffen, kann es auch das 1 × 1 nicht verstehen. Wenn ihm der Unterschied zwischen 45 und 54 nicht klar ist, wie soll es dann begreifen, warum das eine das Ergebnis von 4 × 9 ist, das andere das Ergebnis von 6 × 9?

Kopfrechnen mit Zehnerübergang

Die dritte Voraussetzung ist das flüssige Kopfrechnen mit Zehnerüberschreitung bis 100. Viele Kinder bewältigen das kleine 1×1 durch Hilfsaufgaben. Fällt ihnen bei der Aufgabe 7×6 die 42 nicht ein, können sie sich mit $36 + 6$ weiterhelfen. Ist aber das Kopfrechnen mit Zehnerübergang nicht genug verinnerlicht, ist ihnen dieser Weg versperrt.

Zu schnell

In den meisten deutschsprachigen Ländern ist es inzwischen üblich, in der 2. Klassenstufe das gesamte kleine 1×1 lernen zu lassen. Ab Klasse 3 soll in den 1.000er-Raum vorgedrungen werden. Da jedoch das gesamte 1×1 eine große und umfangreiche Lernaufgabe ist, sollte den Kindern mehr Zeit dafür zur Verfügung gestellt werden. Ist das 1×1 bis zur 6er-Reihe und ggf. zusätzlich die 9er- und 10er-Reihen in Klasse 2 gründlich automatisiert worden, können in Klasse 3 die „schweren Reihen" 7 und 8 in Ruhe ergänzt werden. Hier erfahren die Kinder, wie einfach diese Reihen durch Rückschlüsse in die anderen Reihen sind, die sie schon beherrschen.

Zu viel

Es ist heute üblich, die Mal-Reihen parallel zu den In-Reihen (wie oft ist die 3 in der 12?) zu erarbeiten. Dies scheint logisch, handelt es sich doch um die Umkehraufgabe zur Mal-Aufgabe und eröffnet den Weg zur Division. In-Aufgaben können demzufolge nicht vor den Mal-Aufgaben gelernt werden. Haben die Kinder aber die Hürde des Mal-Begriffes noch nicht genommen, ist der In-Begriff eine zusätzliche Hürde. Für die Kinder ist dies keine Vereinfachung, sondern eine Erschwerung des Lernprozesses. Rechenschwache Kinder sind hiermit vollkommen überfordert.

Es empfiehlt sich, erst alle Mal-Aufgaben und die Mal-Operation gründlich zu automatisieren und erst dann, auf der Basis des Verstehens, zu den In-Aufgaben zu wechseln. Diese werden nun von den

Kindern viel leichter gelernt und als logisch empfunden. Dabei sind die Stufen 1 und 2 nach Aebli anzuwenden: Verstehen durch Handeln, dann erst abstrahieren.

Zu geringe Vernetzung

Nach wie vor wird das 1 × 1 in Reihen gelernt. Dabei bietet sich ein vernetztes Lernen zur Vereinfachung an. Dieses wird auch seit Jahren von Mathematik-Didaktikern gefordert. Leider findet es jedoch kaum Eingang in Schulbücher und Unterrichtspraxis. So lernen die Schüler das 1 × 1 in geschlossenen Reihen. Sie werden sich dabei der Querverbindungen (z. B. 2 × 5 und 5 × 2) häufig nicht bewusst.

Der Vorgang geht in der Regel so, dass jede Mal-Aufgabe aus der Addition heraus aufgebaut wird. Dann wird die Reihe auswendig gelernt. Auffällig ist hier, dass viele Kinder bei einer Abfrage außerhalb der Reihenfolge innerlich die Reihe bis zur gefragten Aufgabe aufsagen und erst dann das Ergebnis nennen können. Ein Verständnis der Rechenoperation ist hier zu bezweifeln.

Querverbindungen, die z. B. auch ermöglichen, eine Aufgabe wie 9 × 4 durch 10 mal 4 minus 4 zu erarbeiten, kommen erst später dazu. Sie könnten jedoch den Lernprozess deutlich vereinfachen und abkürzen und dabei das Gesamtverständnis der Rechenoperationen fördern. Die visuelle Vorstellung der Mengen, die malgenommen werden, findet ebenfalls zu wenig Beachtung. Kinder in Klasse 2 und 3 sind jedoch nur bedingt dazu in der Lage, Mengen als abstrakte Zahl zu verstehen, wenn dies nicht schon ab Klasse 1 gründlich verinnerlicht wurde. Wer in Mathe dann überwiegend auditiv (inneres Aufsagen) und damit seriell denkt, wird seine Aufgaben nur mit Mühe lösen können.

Wie ginge es besser?

Leider verbessert sich eine Rechenschwäche, ob angeboren oder erworben, nicht automatisch. Im Gegenteil, rechenschwache Kinder finden oft geschickte Wege, ihre Schwächen zu kompensieren. Besonders

ders im Zahlenraum der ersten beiden Grundschulklassen haben sie dabei großen Spielraum.

Lehrkräfte, die Kinder zügig vom Zählen zum Rechnen führen möchten, neigen dazu, von Anfang an die Nutzung der Finger als Hilfsmittel zu verbieten. Leider ist das wenig effektiv. Kinder, die Schwierigkeiten beim Abstrahieren haben, werden weiterhin das Zählen als Unterstützung nutzen, sei es mit den Fingern, Füßen, durch Augenblinzeln oder Muskelanspannungen. Es hört nicht von allein auf. Stattdessen müssen den Kindern Möglichkeiten vermittelt werden, wie sie mengenbezogen mit Zahlen umgehen können.

Auch andere Unterrichtsmaterialien wie Perlenmaterial, Kugeln oder Steckwürfel dienen diesem Kind als Zählhilfe. Es sollte die Finger ruhig benutzen dürfen, allerdings nicht zum bloßen Zählen, sondern um die Vorstellung von „alle Finger einer Hand" mit der Zahl 5 zu verknüpfen. Bei nicht rechenschwachen Kindern entwickelt sich diese Vorstellung oft schon im Alter von 4 Jahren. Die 8 würde dann „alle Finger an einer Hand und 3 von der anderen" entsprechen bzw. „4 Finger jeder Hand", und die 10 wäre „alle Finger beider Hände".

Vorstellungskraft fördern

Rechenschwache Kinder haben oft Schwierigkeiten, sich ein inneres Bild von dieser „Zahlhand" zu machen. Daher ist es wichtig, ihre Vorstellungskraft gezielt zu fördern. Dabei sollte besonders auf eine geschickte sprachliche Umsetzung geachtet werden. Wenn das Kind – zuerst durch Abzählen, später durch automatisierte Mengenerfassung – an einer Hand 5 und an der anderen 3 Finger zeigt, könnte man beispielsweise sagen: „Ich habe insgesamt 8 Finger, an einer Hand sind es 5, an der anderen 3."

Wenn das Kind nun in der Lage ist, alle Zahlen bis 10 ohne Abzählen, sondern durch das Ansehen der Finger, spontan darzustellen, können die Hände unter einem Tuch versteckt werden. In diesem Schritt wird geübt, die Zahl durch das Fühlen der Finger und die Erinnerung an das Handbild darzustellen.

Es ist mir wichtig zu betonen, dass die gleiche Zahl, wie zum Beispiel die 8, auch durch verschiedene Kombinationen wie 4 + 4 oder 6 + 2 dargestellt werden kann. Dabei dienen die Finger stets zur Darstellung der Menge und nicht zum Zählen. Erst, wenn die Mengendarstellungen automatisiert sind, kann mit den Grundrechenarten begonnen werden. Hier können auch Bildkarten mit darauf abgebildeten Händen als Übungsmaterial verwendet werden. Zeige diese Karten jedoch immer nur kurz, um zu verhindern, dass dein Kind erneut zum Zählen verleitet wird.

Das Gleichheitszeichen lässt sich gut mit einer Waage erklären.

Ein wichtiger Schwerpunkt sollte dabei auf der Bedeutung des Gleichheitszeichens (=) als „ist gleich" liegen. Dieses Konzept ist für viele rechenschwache Kinder zunächst schwer verständlich. Eine Waage mit zwei Waagschalen hat sich im Training rechenschwacher Kinder als effektive Methode bewährt, um dieses Konzept zu vermitteln. Das Zeichen für „ist gleich" wird auf den Anzeiger der Waage geklebt. Das Kind kann dann durch Ausprobieren mit verschiedenen Mengen von Steinchen gleicher Art auf jeder Waagschale erfahren, dass „ist gleich" bedeutet, dass auf beiden Seiten gleich viel liegt. Die Rechenaufgabe 4 + 3 = 7 lässt sich wie folgt verständlich machen:

7 Steinchen werden auf eine Waagschale gelegt, 3 auf die andere. Die Waage ist nicht im Gleichgewicht. Nun füge ich 4 Steinchen hinzu. Die Waage ist wieder ausgeglichen. Auf beiden Seiten befinden sich nun 7 Steinchen. Die Aufgabe lautet also 7 = 3 + 4.

Mengenerfassendes Lernen

Die „Kieler Zahlenhäuser“ aus dem Veris Verlag, entwickelt von der Kieler Förderschulpädagogin Christel Rosenkranz, haben sich als hilfreich für die Erarbeitung von Mengen und Zahlbegriffen erwiesen. Mit ihrer Unterstützung kann das mengenerfassende Lernen effektiv gestaltet werden. Es ist jedoch wichtig zu beachten, dass die Steck-Hölzchen nicht zum bloßen Zählen verwendet werden sollen.

Lernen mit dem Zahlenstrahl

Der Zahlenstrahl, der oft bereits gegen Ende der 1. Klasse im Unterricht eingeführt wird, wird von rechenschwachen Kindern nicht als abstrakte Strecke, sondern eher als „Linie mit Strichen, die einen Namen haben“ verstanden. Für sie ist es daher nicht klar, warum der Zahlenstrahl mit 0 statt mit 1 beginnt. Auch erscheint es ihnen unverständlich, warum zwischen den Positionen 2 und 6 noch 4 fehlen, obwohl dort nur 3 Striche liegen. Es ist entscheidend zu betonen, dass die Striche immer das Ende der vorherigen Strecke repräsentieren. Von 0 bis 2 gibt es beispielsweise zwei Abschnitte, nämlich die Felder zwischen den Strichen.

Der Zahlenstrahl sollte daher erst zu einem späteren Zeitpunkt und dann als Längenmodell einer Zahl eingeführt werden. Auf diese Weise wird veranschaulicht, dass die 15 länger ist als die 9. Die 9 entspricht weniger als einer 10er-Strecke, während die 15 eine ganze und eine halbe 10er-Strecke darstellt. Durch Übungen zum Abmessen von Strecken entwickelt das Kind eine Vorstellung von der Größe einer Zahl, insbesondere, wenn die Strecke als „Höhe“ dargestellt wird, anstatt die Zahl nur als Position auf dem Strahl zu verstehen.

Zeitnahes Besprechen von Übungen

Generell gilt, dass Übungen egal zu welchem Thema und Rückmeldung zeitnah erfolgen sollten. Immer wieder höre ich in diesem Zusammenhang von Eltern, dass der Übungszettel ihres Kindes selbst nach drei Wochen noch nicht von der Lehrkraft begutachtet und das Geübte besprochen wurde. Das bedeutet leider, dass diese Übungen völlig sinnlos waren. Ohne ein zeitnahes Besprechen von Übungsergebnissen findet kein Lernen statt, denn dieses entsteht nur dann, wenn darüber gesprochen und die Inhalte gedanklich reflektiert werden können.

Klare Anleitung, sinnvolle Experimente

Das selbstgesteuerte Lernen wird in manchen Klassen besonders betont. Der Forscherdrang der Kinder soll sie ganz natürlich befähigen, neue Strategien zu entwickeln und daraus zu lernen.

Im Prinzip ist das genau richtig, da selbst erarbeitetes Wissen viel besser langfristig erinnert wird. Doch manchmal geht der Schuss nach hinten los. Damit du erkennen kannst, wann eine richtige Anleitung wichtig ist, möchte ich dir hier ein Beispiel aus dem Matheunterricht einer meiner Schülerinnen zeigen.

Blick in die Praxis

Eine meiner Schülerinnen in Klasse 2 kam am Nachmittag zu mir und war ganz deprimiert. Der Mathelehrer hatte sie aufgefordert, selbst herauszufinden, wie man untereinander Plus rechnet. Sie hatte also die Zahlen untereinandergeschrieben, aber immer das falsche Ergebnis erhalten.

126
4
31
122
———
958

Lehrer: „Das sieht schon ganz hübsch aus, aber so stimmt es nicht. Versuche es noch mal.“

Das Mädchen ändert nichts an seiner Strategie: bündig links untereinander. Es hatte gelernt, dass man immer links beginnt, etwas aufzuschreiben. Es rechnet immer wieder nach, und die Reihenergebnisse stimmten. Auch in der nächsten Woche bekam es keine genauere Anleitung; es sollte den richtigen Weg selbst herausfinden.

Hier hätte jedoch klar gesagt werden müssen: „Deine Auflistung ist falsch. Stelle die Einer unter die Einer, die Zehner unter die Zehner, die Hunderter unter die Hunderter." Lernen durch Erfahrung bedeutet nicht, dass die Kinder immer wieder das Rad neu erfinden sollen. Eine klare Anleitung, besonders in Mathe, begleitet von sinnvollen Experimenten, macht das Lernen leichter, nachhaltiger und freudvoller. Wenn ein Kind auch nach zehn Versuchen bei der alten Strategie bleibt, weil niemand die Strategie selbst infrage gestellt hat, kommt es nicht zur richtigen Lösung.

Rechenschwach ab Klasse 3 – wie ist das möglich?

Dein Kind ist in Klasse 3 und plötzlich hat es eine Rechenschwäche? Das ist ein Phänomen, welches sich häufig in der Schule wiederholt. In den ersten zwei Klassen konnte sich dein Kind noch durch Auswendiglernen und Abzählen über die größten Hürden hinwegschummeln. Nun wird erwartet, dass es Rechenoperationen verstanden hat und anwenden kann.

In der 3. Klasse werden Textaufgaben auf eine neue Art eingeführt. Während dein Kind in der 2. Klasse möglicherweise noch die einfache Textaufgabe „Lena hat 15 Bonbons. Diese will sie mit ihren 4 Freundinnen teilen. Wie viele bekommt jedes Kind?" umsetzen konnte (wobei bei rechenschwachen Kindern bereits die Zahl 4 in der Aufgabe eine große Hürde darstellen könnte), wird ab Klasse 3 ein komplexeres Textverständnis gefordert. Dabei ist es wichtig, dass dein Kind nicht nur den Inhalt sprachlich versteht, sondern auch eine innere Vorstellung davon entwickeln kann.

- Was habe ich?
- Was soll ich damit tun?
- Was brauche ich?

Die ersten Fragen, die sich dein Kind hier stellen muss, sind: „Welche Handlung bzw. welche Rechenaufgabe ist notwendig?" Im Beispiel der einfachen Aufgabe mit Lena und den Bonbons sollte dein Kind jedoch verstehen, dass zu den 4 Freundinnen Lena hinzugezählt wird. Die 15 Bonbons müssen also durch 5 und nicht durch 4 geteilt werden. Dieser für uns selbstverständliche Vorgang stellt für ein Kind mit Rechenschwäche jedoch eine Herausforderung dar. Es würde versuchen, die Bonbons auf 4 Kinder zu verteilen.

In einer Trainingsstunde äußerte Katarina: „Da muss ich aber doch etwas mit der 4 machen, sonst wäre die doch nicht in der Aufgabe." Ja, sie muss zuerst noch 1 zu der 4 hinzuzählen.

Stellenwert verstehen

Wird in Klasse 3 im Zahlenraum bis 1.000 gerechnet, finden sich rechenschwache Kinder nicht mehr zurecht. Ohne ein Verständnis für das Stellenwertsystem können sie die Aufgaben nicht richtig lösen.

In vielen Schulen sollen die Kinder lernen, nach getrennten Stellenwerten zu rechnen. Wenn dein Kind jedoch die Stellenwerte nicht verstanden hat, passiert z. B. Folgendes:

Gerechnet wird die Aufgabe 38 + 47

Timo hält sich an die Regel, die Stellen erst getrennt auszurechnen:

Er rechnet	3 + 4 = 7
	8 + 7 = 15
Daraus folgt	38 + 27 = 715

Er erkennt nicht, dass dies nicht stimmen kann. Wir sehen auch schon an der Art seiner Darstellung, dass er die Zehner nicht als solche erkennt und die Ergebnisse wie Bausteine zusammensetzt.

Paula hat es auch nicht gekonnt, aber anders gerechnet:

3 + 4 = 7

8 + 7 = 15

7 + 15 = 22

Auch Paula hat die Stellenwerte nicht erkannt. Anders als Timo hat sie ihre ersten beiden Ergebnisse aber nicht einfach zusammengesetzt, sondern nochmals addiert, da sie dies so aus der Erklärung der Lehrkraft verstanden hat: Rechne erst die Zehner zusammen, dann die Einer und dann rechne diese Ergebnisse zusammen. „Vielleicht rechnest du besser erst die Einer aus. Wenn es über 10 geht, schreibst du nur den Einer auf und merkst dir den Zehner. Dann zählst du diesen Zehner später zu den anderen dazu“, schlägt die Lehrerin vor.

Timo rechnet nun 8 + 7 = 5 (10 merken), 3 + 4 = 7, 7 + 10 = 17.
5 + 17 = 22. – Also wieder falsch. Timo versteht die Welt nicht mehr. Auf die Frage, warum er bei den Zehnern nicht 30 bzw. 20 aufschreibt, sondern nur 3 bzw. 2 antwortet Timo: „Die Null ist nichts, daher kann ich sie weglassen.“

Umrechnen und Geometrie

In der 3. Klasse wird dein Kind im Mathematikunterricht mit vielen neuen Herausforderungen konfrontiert. Es soll Maße, Gewichte und Mengen kennen und umrechnen lernen. Zudem sind geometrische Formen zu unterscheiden, benennen und zeichnen.

All diese Anforderungen setzen eine sichere Grundlage des abstrakten Denkens und klare innere Bilder, teilweise auch aus unterschiedlichen Perspektiven, voraus. Hierbei spielt das räumliche Denken eine bedeutende Rolle. Selbst Erwachsene können dies nicht immer ausreichend leisten. Kinder werden jedoch oft in einem schnellen Tempo durch die Themen geführt, was ihnen nur wenige Gelegenheiten bietet, das gerade Gelernte zu verinnerlichen.

An manchen Schulen ist leider auch die Reihenfolge der Themen nicht logisch aufeinander aufbauend. Zum Beispiel sollen geometrische Figuren erkannt, gezeichnet und gemessen werden, ohne zuvor über Längenmaße und Strecken zu sprechen.

Die Umrechnung, etwa von Kilometern in Zentimeter, erfordert sichere Kenntnisse der Stellenwerte und der Maßeinheiten. Werden diese jedoch nur theoretisch besprochen, nicht aber durch konkrete Experimente im Unterricht dargestellt, werden viele Schüler und Schülerinnen Schwierigkeiten haben, das Thema zu verstehen. Nur etwa 5 % bis 10 % der Schüler und Schülerinnen sind überwiegend verbal orientiert, die Mehrheit ist praktisch-anschaulich begabt. Dies sollte im Unterricht verstärkt berücksichtigt werden.

Das Abmessen, zum Beispiel in „Radiergummilängen“ oder „Daumenlängen“, kann bereits in Klasse 1 beim Kennenlernen der Zahlen anschaulich zeigen, welche unterschiedliche Bedeutungen Zahlen haben. Spielerisch kann gemessen werden, indem überlegt wird, wie viele dieser Radiergummis wohl ein kleines Lineal ergeben. So wird früh mit Längenmaßen geübt, die den Kindern bekannt sind. Später stellt sich die Frage: „Wie können Längenmaße für alle gültig sein?“, und auf diesem Weg kommen die Kinder ganz natürlich zu den gebräuchlichen Maßeinheiten. Nun bauen die Kinder auf Bekanntem und bereits Erlebtem Neues auf.

Generell gilt: Alle Übungen und Beispiele müssen aus der Erlebenswelt des Kindes stammen, um verstanden zu werden.

Richtig zu Hause Mathe üben

Es ist wichtig, dass du dich nicht von der Schule vertrösten lässt. Du kennst dein Kind am besten. Daher bleibe ruhig und unterstützend. Dein Kind macht nicht absichtlich Fehler, um dich oder die Lehrkräfte zu ärgern. Es hat entweder die Rechenstrategie nicht verstanden oder es findet sich im Zahlen- und Mengenraum nicht zurecht. Darum sind tiefgehende Fragen nach dem „Wie kommst du darauf?“ und „Wie stellst du dir das vor?“ sowie die Frage nach der Rechengeschichte hinter der Aufgabe wichtig.

Mit geeignetem Material kannst du dein Kind unterstützen. Ganz viele Anregungen und Angebote findest du zum Beispiel im Verlag Lernspielkiste. Die dort angebotenen Lernspiele sind von Pädagogen und Therapeutinnen extra für die Förderung entwickelt worden.

Stellenwerte gut erklären

Es ist ganz einfach, deinem Kind die Stellenwerte beizubringen. So versteht es leicht und schnell, warum bestimmte Ziffern einer Zahl unterschiedliche Mengen repräsentieren. Du brauchst dafür eine Hundertertafel und Plättchen, Linsen oder anderes Legematerial zur Veranschaulichung von Mengen. So geht's:

Lege die Hundertertafel auf den Tisch.

Lass dein Kind für jede Zahl in der Einerreihe Plättchen in der richtigen Menge darüberlegen. Bei 10 angekommen ist das schon ein ganzer Stapel.

Erkläre deinem Kind nun Folgendes: „Du siehst, hier haben wir nun einen Stapel mit 10 Plättchen. Der erste Zehner ist voll. Wir können aber nur Zahlen von 0 bis 9 schreiben. Für 10 schreiben wir eine 1. Die steht aber vor den Einerzahlen der ersten Reihe. Da wir keine weiteren Einer haben (zeige hier auf die 1 mit dem Plättchen darüber) schreiben wir 1 Zehner, null Einer = 10."

In der nächsten Reihe steht die 1 vom ersten Zehner vorne. Nun fängst du wieder an, die Menge zu vergrößern. „Kommt ein weiteres Plättchen hinzu, hast du 1 Zehner und 1 Einer = 11. Mit jedem weiteren Plättchen geht es einfach wie in der Einerreihe bis zur 9. Ist der zweite Zehner voll, schreiben wir vorne eine 2, hinten eine Null. Nun haben wir die Zwanzig. Und es geht wieder von vorne los."

1	2	3	4	5	6	7	8	9	10
11	12	13	14	15	16	17	18	19	20
21	22	23	24	25	26	27	28	29	30
31	32	33	34	35	36	37	38	39	40
41	42	43	44	45	46	47	48	49	50
51	52	53	54	55	56	57	58	59	60
61	62	63	64	65	66	67	68	69	70
71	72	73	74	75	76	77	78	79	80
81	82	83	84	85	86	87	88	89	90
91	92	93	94	95	96	97	98	99	100

Die Hundertertafel

Zeige deinem Kind, dass diese Gesetzmäßigkeit in jeder Reihe gilt. Auf die gleiche Weise erklärst du später die Hunderter- und Tausenderzahlen.

Die „Montessorizahlen“ bieten ebenfalls eine hilfreiche Möglichkeit, 100er, 10er und Einer (sowie größere Stellenwerte) optisch darzustellen. Auf diese Weise kann dein Kind erkennen, wo welcher Stellenwert zu finden ist.

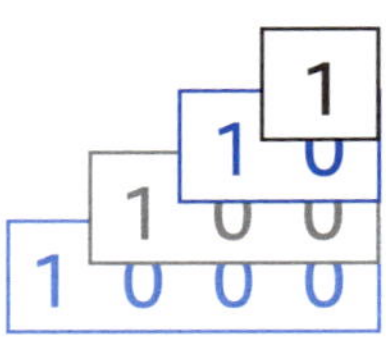

Die Montessorizahlen veranschaulichen den Stellenwert

Die Kieler Zahlenbilder mit den Zahlenhäusern vermitteln ganz praktisch den „Umzug" vom „Einerhaus" in das „Zehnerhaus" – also das Umtauschen von 10 Einern in einen Zehner. Gerade diese Handlung, die wirklich mit den Händen anhand von Sachmaterialien ausgeführt werden sollte, ermöglicht es deinem Kind, hinter das Stellenwertgeheimnis zu kommen.

Die Kieler Zahlenhäuser

Das Spiel „Stellenwert-Rallye" vom Verlag Lernspielkiste übt auf spielerische Art ebenfalls diesen Umtausch innerhalb der Stellen und vermittelt so anschaulich, worum es eigentlich geht.

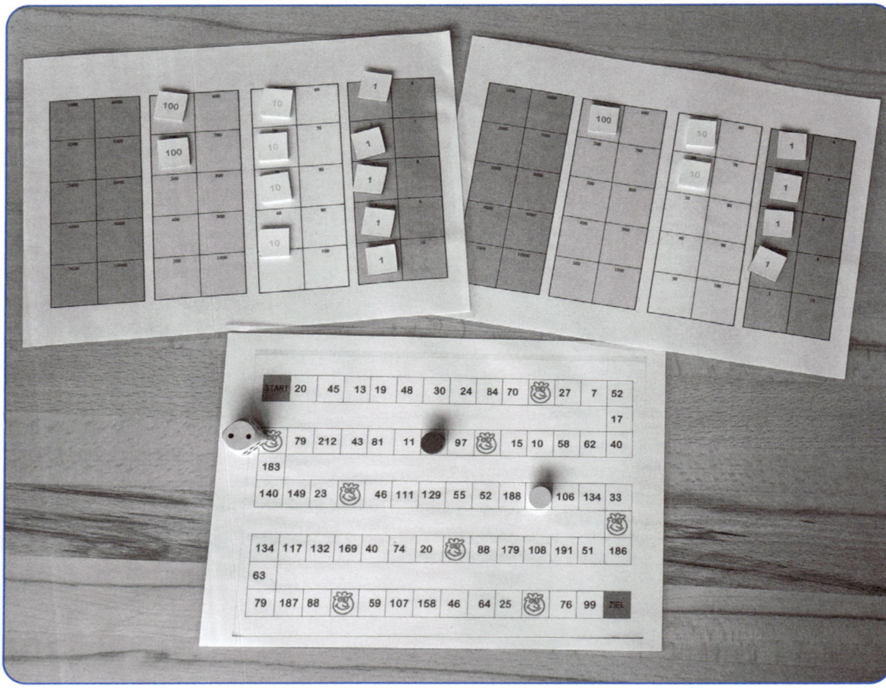

Die Stellenwert-Rallye

Das Einmaleins

Das Erlernen des 1 × 1 scheint für einige Kinder eine große Hürde zu sein, während andere erstaunlich schnell die richtigen Ergebnisse aufsagen können. Dabei gerät oft aus dem Blick, dass das reine Auswendiglernen mehr Aufmerksamkeit erhält als das Verständnis der zugrunde liegenden Rechenoptionen.

Die Tatsache, dass 4 × 3 = 12 umgekehrt dasselbe Ergebnis hat, stellt zwar eine mathematische Regel dar, aber es handelt sich dabei um zwei völlig verschiedene Rechenprozesse. Dies zu verstehen ist eine der grundlegenden Voraussetzungen für das Erlernen und Verstehen des 1 × 1.

Häufig beginnt man damit, eine Additionskette in eine Mal-Aufgabe umzuwandeln. Zum Beispiel: $4 + 4 + 4 = 12$ entspricht $3 \times 4 = 12$. Allerdings kann bei den Kindern leicht der Eindruck entstehen, dass es unerheblich ist, wie sie die Zahlen aufschreiben oder rechnen.

Durch eine anschauliche Darstellung, wie das Verteilen von 4 Äpfeln in 3 Körbe im Vergleich zu 3 Äpfeln in je 4 Körbe, wird deutlich, dass es sich um unterschiedliche Situationen handelt, auch wenn das Ergebnis beide Male 12 ist. Eine solche Veranschaulichung ist besonders wichtig für Kinder mit Rechenschwäche. Sie hilft, den Sinn der Aufgabe zu verstehen und ermöglicht es, eigene Aufgaben korrekt zu formulieren und zu lösen.

Es ist wichtig zu betonen, dass das bloße Aufsagen der 1×1-Aufgaben nicht bedeutet, dass das Kind sie auch verstanden hat. Isolierte Fakten, wie sie beim reinen Auswendiglernen entstehen, werden oft nicht im Langzeitgedächtnis gespeichert oder können nicht abgerufen werden. Ein Abrufanreiz fehlt, und dieser entwickelt sich nur durch eine Rechengeschichte und das damit verbundene Geschehen.

Das 1 × 1 kreativ lernen

Ein anderer Weg, das Einmaleins zu lernen, führt über die farbige Einmaleins-Tafel.

In dieser Tafel sind verschiedene Aufgaben unterschiedlich gefärbt. Die einfachen Aufgaben stehen am Rand. Diese müssen kaum geübt werden. Man braucht sie aber zum Rechnen einiger anderer Aufgaben. Sie sind grün markiert.

Alle Verdopplungsaufgaben mit ihren Tausch- und die Kernaufgaben sind blau markiert. Alle Quadrataufgaben finden sich in den roten Feldern. Dunkelgelb sind alle Aufgaben der 5er-Reihe und ihre Tauschaufgaben.

Wenn dein Kind die Mal-Aufgaben mithilfe dieser Tafel übt, erkennt und versteht es Gesetzmäßigkeiten. Alle hellgelben Aufgaben können aus den nun schon gelernten abgeleitet werden. So lernt dein Kind das 1 × 1 nicht nur stur auswendig, kann aber dennoch alle Aufgaben und ihre Ergebnisse richtig nennen. Es muss sich jedoch nicht für jede Aufgabe erst im Kopf die ganze Reihe aufsagen.

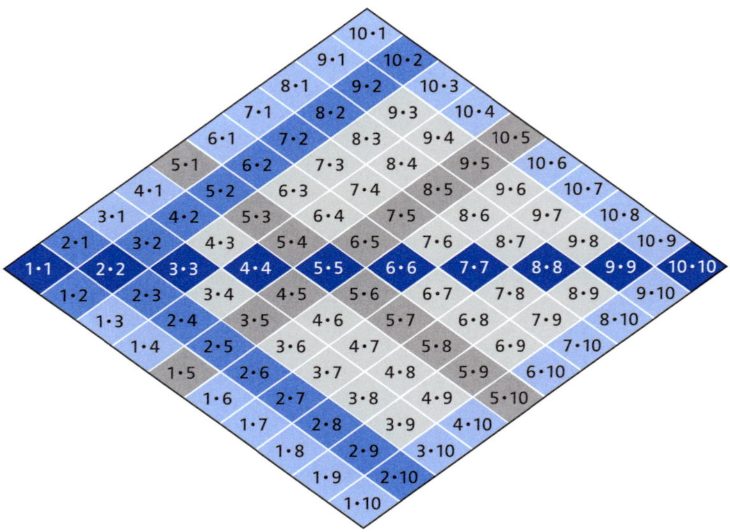

Die farbige Einmaleins-Tafel

Das 1 × 1 im Hunderterfeld

Eine sehr gute Übung ist es, das 1 × 1 mithilfe der Ergebniszahlen im Hunderterfeld zu lernen. Hier kann dein Kind erkennen, dass es gar nicht so viele Ergebnisse zu den Aufgaben gibt, wie es anhand der Einmaleins-Reihen befürchten müsste.

Probier es mit deinem Kind aus: Listet alle Ergebnisse nebeneinander auf und schreibt alle möglichen Aufgaben darunter, die zu diesem Ergebnis gehören.

1	2	3	4	5	6
1×1	1×2	1×3	1×4	1×5	1×6
	2×1	3×1	4×1	5×1	6×1
			2×2		2×3
					3×2

Wenn dein Kind alle Aufgaben zu den Ergebnissen kennt, wird es umgekehrt auch schnell die Ergebnisse zu den Aufgaben nennen können. Dabei sind die 4 Stufen des Lernens nach Aebli maßgeblich. Ohne sie kann nicht automatisiert, sondern nur auswendig gelernt werden.

1	2	3	4	5	6	7	8	9	10
	12		14	15	16		18		20
21			24	25		27	28		30
	32			35	36				40
	42			45			48	49	50
			54		56				60
		63	64						70
	72								80
81									90
									100

Alle Einmaleins-Zahlen in der Hundertertafel

Textaufgaben vorbereiten

Schreibe einige Rechenaufgaben auf kleine Zettel. Lass dein Kind kleine Rechengeschichten zu den einzelnen Aufgaben aufschreiben. Hänge die Aufgaben an die Wand oder die Tür.

Lass dein Kind aus den Zetteln mit den Rechengeschichten eine Geschichte ziehen. Welche Aufgabe gehört zu dieser Geschichte? Weiß dein Kind das auch noch nach 2 Tagen?

Es ist wichtig, dass die Kinder bis zum Ende der 2. Klasse verstehen, dass hinter JEDER Aufgabe eine Geschichte steht. Daher sind Übungen mit Rechengeschichten eine hilfreiche Möglichkeit, Ängste vor abstrakten Aufgaben und vor Textaufgaben abzubauen.

Gesetzmäßigkeiten mit Zahlenkarten entdecken

Kinder sind von Natur aus neugierig und lieben es zu forschen. Um die Zahlzerlegung zu üben, nutze ich gerne Zahlen- und Aufgabenkarten. Du kannst diese spielerische Methode auch mit deinem Kind ausprobieren.

Übung 1:
Die Zahlen 1 bis 10 werden in einer Reihe als Ergebniskarten ausgelegt. Aus den Aufgabenkarten sucht dein Kind nun heraus, welche Aufgaben unter welche Zahl gelegt werden können.
Unter der 1 liegen nur 0 + 1 und 1 + 0. Unter der 2 sind es schon 0 + 2, 1 + 1 und 2 + 0. Mit jeder Zahl wird der Kartenschwanz darunter länger.

Übung 2:
Diese Übung ist schon anspruchsvoller. Es werden Ergebniskarten bis 20 ausgelegt. Unter die Ergebniskarten soll dein Kind die Zahlen von 0 bis 10 legen, die bei der Zahlzerlegung gebraucht werden können.
Unter der 1 liegen nur 0 und 1, unter der 5 wären es 0, 1, 2, 3, 4, 5. Die längste Kette entsteht bei der 10. Ab Karte 11 wird es mit jedem Schritt wieder eine Karte weniger. Es entsteht ein Treppenmuster, das zuerst ansteigt, dann wieder absteigt. Vergleicht dein Kind diese Ergebnisse mit Übung 1, sieht es, dass es für die 10 auch die meisten Rechenmöglichkeiten gibt. Aber die 20 kann ich ganz leicht mit nur einer Zahlenkarte, der 10 errechnen: 10 + 10 = 20.

Häufige Fehler beim Üben

Torben übt mit seiner Mutter das kleine 1×1. Die Mutter fragt die 6er-Reihe ab und beginnt mit der Aufgabe 3×6. Torben kann das Ergebnis noch nicht aus dem Langzeitspeicher abrufen und behilft sich mit der Addition: $6 + 6 + 6 = 18$. Dabei nutzt er seine Finger. Als die Mutter die nächsten Aufgaben, 4×6 und 5×6, abfragt, kann Torben sich ebenfalls nur mühevoll auf die Ergebnisse hinbewegen.

Jede Aufgabe wird von der Mutter sofort gestellt, nachdem Torben sein Ergebnis genannt hat. Falls er einen Fehler macht, nennt sie die richtige Antwort und geht dann zur nächsten Aufgabe über. Torben hat so keine Chance, das richtige Ergebnis im Langzeitspeicher abzuspeichern, da dieses im Kurzzeitspeicher sofort durch die neuen Aufgaben gelöscht wird.

Es ist fraglich, ob Torben überhaupt die Aufgabe für das genannte Ergebnis noch im Kurzzeitspeicher verfügbar hat, da er durch seinen mühevollen Rechenweg auch diese bereits wieder gelöscht haben kann.

Dieses Beispiel zeigt dir, wie häufig zu Hause fehlerhaft gelernt wird. Es gibt jedoch Möglichkeiten, es besser zu gestalten!

Um effektiv zu üben und die Aufgabe zusammen mit dem Ergebnis in den Langzeitspeicher zu überführen, sollten beide gemeinsam so oft wiederholt werden, bis dein Kind das Ergebnis innerhalb von einer Sekunde nennen kann. Dies sollte auch nach einer Unterbrechung durch zwei andere, auf dieselbe Weise geübte Aufgaben, ohne Schwierigkeiten wiederholt werden können.

Wiederholung ist entscheidend

Dieser Ansatz sollte auf alle schulischen Lerninhalte angewendet werden. Das bewusste Lernen in jedem Fach erfolgt über den Kurzzeitspeicher. Daher ist es wichtig sicherzustellen, dass alle Grundlagen durch konsequentes und richtiges Wiederholen in den Langzeitspeicher gelangen.

Es ist ebenso entscheidend, dass dein Kind genügend Zeit hat, zu seinem Ergebnis zu gelangen. Eine ruhige Atmosphäre ist eine grundlegende Voraussetzung dafür, dass das Gehirn effektiv arbeiten kann. Wenn dein Kind den Eindruck hat, unter Druck zu stehen, können Stresshormone dafür sorgen, dass nur auf die lebenswichtigen Funktionen zugegriffen wird.

Früher war es in der Schule üblich, im Klassenverband gemeinsam und laut Worte zu buchstabieren oder Rechenaufgaben aufzusagen. Diese Methoden gerieten als „stures Pauken" in Verruf. Dabei sind gerade die dabei entstehenden rhythmischen Sprechgesänge eine erstklassige Unterstützung der Automatisierung. Der Fehler lag damals darin, dass auf das Verstehen der Inhalte zu wenig Wert gelegt wurde.

Gerade Kinder mit einer Rechenschwäche benötigen jedoch Zusammenhänge. Nach der Devise „Was sinnlos ist, fliegt raus" werden nicht verstandene Dinge sofort wieder vergessen. Eine Kombination aus erklärendem Unterricht und rhythmischer Automatisierung kann daher vielen Kindern das Lernen erheblich erleichtern.

Spielend Rechnen lernen

Hier stelle ich dir eine kleine Auswahl an Lernspielen vor, die deinem Kind das Lernen erleichtern, seine Teilleistungen schulen und seinen Spaß am Entdecken der Lernwelt fördern können.

Kannst Du schon Zahlen erkennen? Piatnik

Ein Zahlenspiel für Vorschulkinder: Zahlen werden jeweils als Ziffer, Würfelergebnis und Menge dargestellt.
Fördert: Mengenerfassung, Zahlenbegriff
Alter: Ab 4 Jahre
Spieleranzahl: 1 bis 6

Rechenstar, Piatnik

Die Grundrechenarten werden spielerisch geübt.
Alter: ab 6 Jahre
Spieleranzahl: 2 bis 6

Gleich und ungleich, Piatnik

Mengen, Größen und Formen werden verglichen.
Fördert: Konzentration, optische Wahrnehmung, Mengenverständnis
Alter: ab 4 Jahren
Spieleranzahl: 1 bis 4

Kannst Du rechnen? Kosmos

Mengenkarten und Aufgabenkarten laden zu verschiedenen Rechenspielen ein.
Fördert: Mengenverständnis, einfache Rechnungen bis 10
Alter: ab 5 Jahre
Spieleranzahl: 1 bis 4

Conni kommt in die Schule

Lernspielsammlung. 4 Spiele zu Zahlen, Buchstaben und Konzentration
Alter: ab 5 Jahre
Spieleranzahl: 2 bis 4

Flinke Flosse, Ravensburger

Die gewürfelten Fische müssen gezählt oder mengenmäßig erfasst werden. Dabei ist auch eine schnelle Reaktion erforderlich.
Fördert: Konzentration, Reaktion, optische Differenzierung, Mengenverständnis
Alter: ab 6 Jahre
Spieleranzahl: 2 bis 4

Halli Galli, Amigo

Es werden Obstkarten aufgedeckt. Liegt 5-mal das gleiche Obst, gewinnt, wer als Erster auf die Klingel schlägt.
Fördert: Mengenerfassung, Serialität, Konzentration
Alter: ab 6
Spieleranzahl: 2 bis 6

Take it easy, Ravensburger

Aus Zahlen, Farben und Mustern müssen Reihen gebildet werden.
Fördert: Serialität, Raumorientierung, optische Differenzierung
Alter: ab 10
Spieleranzahl: 1 bis 6

Stellenwert-Rallye, Verlag Lernspielkiste

In diesem Spiel kann das Kind den Stellenwert der Zahlen spielerisch üben. Gerade für Kinder mit einer Rechenschwäche ein äußert wertvolles Spiel.
Fördert: Das Verständnis um Mengen und Zahlen (Einer, Zehner, Hunderter etc.), mathematische Grundfertigkeiten, Mengenverständnis
Alter: ab Klasse 2
Spieleranzahl: ab 2

Ritter Kunibert im Zahlenland, Ravensburger

Das Zahlenland von Prof. Preiß als Brettspiel: Formen, Mengen und Zahlen spielerisch lernen
Alter: ab 4 Jahre
Spieleranzahl: 2 bis 10

Rechen-Kapitän, Ravensburger

Plus und Minus bis 20 spielerisch üben, Zahlzerlegung und Zahlenverständnis
Alter: ab 6 Jahre
Spieleranzahl: 1 bis 4

Mit 3 dabei, Ravensburger

Mengen erfassen
Alter: ab 6
Spieleranzahl: 2 bis 4

Abenteuer auf dem Zahlenfluss, Ravensburger

Kopfrechnen bis 100 üben auf dem Zahlenfluss übt Zahlzerlegung und logisches Denken.
Alter: ab 7 Jahre
Spieleranzahl: 1 bis 4

Just 4 Fun

Plus (und nach Absprache auch Minus) bis 36 üben.
Zahlzerlegung, Raumorientierung
Alter: ab 8
Spieleranzahl: 2 bis 4

Leiterspiele (diverse Anbieter)

Reihenfolgen bis 100, Raumorientierung
Alter: 8
Spieleranzahl: ab 2

Tricky Fingers

Muster erkennen, Feinmotorik
Alter: 4
Spieleranzahl: 2

Boggle mit Zahlen (leider nur gebraucht erhältlich)

Wie beim Wortboggle werden hier ebenfalls Würfel in einem Behälter geschüttelt und in 16 Fächer fallen gelassen. Doch nun stehen Zahlen auf den Würfeln. Die Ergebniszahl wird aus 2 Würfeln erwürfelt oder einfach ausgedacht. Wer findet in den Würfeln die meisten Rechenaufgaben zu dieser Ergebniszahl?
Für Kinder der Klassen 1 bis Mitte Klasse 2 sind die Ergebniszahlen 10 und 20. Hier muss dann schon als Kette gerechnet werden. Beispiel: 5 + 3 + 2 = 10 oder 8 + 8 + 6 + 3 – 4 = 20
Alter: ab 8
Spieler: ab 2

Fünf schnelle Spiele für zu Hause

Der Basisbereich in der Mathematik ist das Ordnen von Formen und Größen. Dein Kind kann zum Beispiel in der Küche Gefäße nach Größe und Form sortieren. Mithilfe eines Messbechers und einer Waage könnt ihr euch Mengen und Gewichte ansehen. Fülle 2 Gläser unterschiedlicher Breite mit je 100 ml Wasser. Frage dein Kind, ob in beiden Gläsern gleich viel Inhalt ist oder ob ein Glas mehr Wasser enthält. Dein Kind kann nun das Wasser zurück in den Messbecher geben und dadurch etwas über gleiche Mengen in unterschiedlichen Behältern lernen.

Kreativ rechnen im Haushalt

Ähnliches kannst du mit Erbsen oder Buchstabennudeln machen. Lege 10 Teile mit einem gleichmäßigen Abstand auf den Tisch. Darunter legst du die gleiche Menge, aber dicht beieinander. Nun soll dein Kind schätzen, ob eine Reihe mehr Teile enthält oder ob beide Reihen gleich viele Teile enthalten.

Dein Kind kann dir auch beim Aufhängen der Wäsche die Klammern reichen und zählen, wie viele du benötigst. Lass es schätzen, wie viele Klammern ein besonders breites Wäschestück benötigt.

Es gibt im Haushalt viele Möglichkeiten, das mathematische Denken durch Alltagshandlungen zu fördern.

Mit Würfelspielen rechnen

Mit ein paar Würfeln kannst du jederzeit zwischendurch ein paar einfache Rechenspiele mit deinem Kind spielen. Auf diese Weise förderst du ohne großen Aufwand das mathematische Denken deines Kindes und den gedanklichen Umgang mit der Welt des Rechnens. Vielleicht hast du Lust, daraus ein kleines Tagesritual zu machen?

Spiel 1: Gummibärchenrechnen

Gespielt wird mit 2 normalen Würfeln. Immer, wenn die Würfelaugen zusammen 10 ergeben, darf sich der Spieler ein Gummibärchen nehmen.

Du kannst den Zahlenraum gerne mithilfe anderer Würfel erweitern. Es gibt viele unterschiedliche Würfel mit größeren Zahlen im Spielzeughandel.

Spiel 2: Würfelbingo

Schreibe verschiedene Ergebniszahlen der Mal-Reihen 1 bis 6 auf einen Zettel.

Jeder Spieler bekommt einen dieser Zettel. Nun wird mit 2 Würfeln gewürfelt und malgenommen. Steht die Ergebniszahl auf dem Zettel des Spielers, darf er sie streichen. Wer zuerst 5 Ergebnisse gestrichen hat, hat gewonnen.

Spiel 3: Zahlenraten im Hunderterfeld

Vor euch liegt ein Hunderterfeld. Du wählst eine Zahl aus. Dein Kind soll durch geschickte Fragestellungen schnell die Zahl finden.

Erfolgreich sind Fragen, die das Feld schnell einengen.

Beispiel: Deine Zahl ist die 66.

Zielführende Fragen zu Beginn können sein:

- Ist deine Zahl eine gerade Zahl?
- Liegt deine Zahl in einer Reihe unter 50?
- Ist die Zahl einstellig?
- Ist der Zehner ungerade?

Auf diese Weise lernt dein Kind Zahlen genauer kennen und übt, sich im Hunderterfeld zu orientieren.

Spiele für den PC

Da Kinder gerne am Computer spielen, kann dieser natürlich auch für die Rechenförderung sinnvoll genutzt werden. Hier gilt jedoch, dass du dein Kind nicht alleine vor den PC setzt, sondern mit ihm zusammen spielst und Denkanstöße gibst. Hier sind einige Vorschläge für dich:

- Bellos Bauernhof (Gewinner des Pädagogischen Interaktivpreises 2007), www.zahlenland-shop.de/PC-Spiel-Bellos-Bauernhof. Zahlen von 1 bis 10 blitzschnell erfassen. Dabei werden auch Serialität und Gedächtnis geschult. Für Mac und Windows, ab 4 Jahre
- Alfons Lernwelten Mathematik – Schroedel, als CD, oder Alfons Lernwelten online über Westermann Verlag
- Für Nindendo DS „Lernerfolg Grundschule Mathe Klasse 1–4“, „10 gewinnt“ ab 7 Jahre, Übungen und Rechenrätsel

Ohne Automatisierung geht es nicht

In einigen Schulklassen wird die Automatisierung manchmal missverstanden und als reines Auswendiglernen ohne Verstehen abgelehnt. Dabei ist dies nicht der Fall, wenn es richtig gemacht wird.

Automatisierung bedeutet, mühsame Zähloperationen mittels Finger oder innerem Zählen abzulegen, da dies zu anstrengend ist, zu lange dauert und zu Fehlern führen kann. Besonders die Grundfertigkeiten wie die Automatisierung von Addition und Subtraktion bis 10 sowie die Zehnerüberschreitung bis 20 sind von entscheidender Bedeutung.

Automatisierung ist unerlässlich für die grundlegenden Fertigkeiten im rechnerischen Denken, damit die gespeicherten Ergebnisse im höheren Zahlenraum effektiv genutzt werden können. Wenn dein Kind beispielsweise das Konzept der Addition oder das 1 × 1 automatisiert hat, kann es auf die Frage 24 + 36 schnell mit 60 antworten. Es kann die Struktur des Rechenweges und eine innere Vorstellung der Zahlen auf der Hundertertafel kurzfristig abrufen. Gleiches gilt für das kleine 1 × 1. Wer bei 7 × 8 lange nachdenken muss, wird mit 71 × 85 größere Schwierigkeiten haben.

Wie entsteht Automatisierung in der Mathematik?

- Die Prozesse vollziehen sich auf neuronaler Ebene, d. h. die Aufgabe wird unbewusst abgearbeitet.
- Häufiges intensives Trainieren, d. h. eine hohe Anzahl von Wiederholungen, führt dazu, mit weniger geistiger Anstrengung, schneller und fehlerfreier arbeiten zu können (Routine).
- Uns fallen bestimmte Aufgabenlösungen sofort ein.
- Die Ausführung erfolgt im Langzeitgedächtnis.
- Man ist wieder frei für neuen Lernstoff.

Wichtig für die Automatisierung sind folgende Regeln:

- Nur in kleinen Portionen lernen, damit die Konzentrationsspanne nicht überschritten wird.
- Regelmäßige Wiederholung im Merkprozess, z. B. mithilfe einer Lernkartei.
- unmittelbares Lob bei richtiger Lösung
- unmittelbares Korrigieren einer falschen Lösung

Man geht davon aus, dass die Aufgabe automatisiert ist, wenn die Antwort binnen einer Sekunde erfolgt.

Vorbeugung einer Rechenschwäche in der Kita

Wie bei der LRS lässt sich auch bei der Rechenschwäche durch spielerische Übungen bereits in der Kita vorbeugen. Vieles, was ich dir schon für zu Hause vorgestellt habe, lässt sich auch dort von den Betreuungskräften umsetzten.

Darüber hinaus hat Gerhard Preiß, Professor für Mathematikdidaktik an der Pädagogischen Hochschule Freiburg, vor vielen Jahren das Frühförderproramm „Entenland“ für Mathematik entwickelt (siehe dazu auch im Kapitel „Formen lernen mit dem Entenland-Programm“ auf Seite 167). Für Kitas gibt es Fortbildungen und das Material zum Entenland für die mathematische Frühförderung.

WENN DEIN KIND DEM LERNEN AUS DEM WEG GEHT

Kinder mit Teilleistungsstörungen erleben im Schulalltag schnell Frust. Dies kann dazu führen, dass sie bestimmte Lernfelder konsequent meiden. In Schulen mit überwiegend offenem Unterricht kann das fatale Folgen haben.

Kinder mit Lernstörungen werden Übungen vermeiden, die sie mit ihren Schwierigkeiten konfrontieren. Das führt dazu, dass sich die Probleme verschärfen.

Bestimmte Unterrichtsmethoden begünstigen dieses Verhalten, indem den Kindern die Fähigkeit zugesprochen wird, selbst zu entscheiden, was sie wann üben möchten. Da Kinder jedoch tendenziell nur das tun, was ihnen Spaß macht, wird ein leseschwaches Kind sich nicht freiwillig mit Texten auseinandersetzen. Und ganz ehrlich: Versuchst du nicht auch, unangenehme Aufgaben wie Bügeln, Putzen oder die Steuererklärung auf später zu verschieben?

Gerade Kinder im Grundschulalter haben noch nicht die persönliche Kompetenz, sprich die nötige Reife und innere Stärke, sich mit herausfordernden Übungen auseinanderzusetzen. Selbst Schüler und Schülerinnen der Oberstufe, die diese Notwendigkeit durchaus erkennen können, vermeiden es oft so lange wie möglich, sich mit schwierigen Aufgaben zu befassen.

Nimm dein Kind an die Hand

Um die Entwicklung von Vermeidungshaltungen rechtzeitig zu erkennen, ist es wichtig, dein Kind gezielt an Übungsmaterialien heranzuführen. In kleinen und motivierenden Lernschritten können Ängste und Unsicherheiten überwunden werden. Der Vermeidungshaltung sollte nicht nachgegeben werden. Stattdessen ist es effektiver, ein Belohnungssystem einzuführen.

In einigen Kindergärten wird leider der Fehler gemacht, das freie Spielen über die gezielte Anleitung zu stellen. Kinder, die nicht am Basteln, Ausschneiden oder Auffädeln teilnehmen wollen, brauchen es nicht zu tun. Leider zeigen diese Kinder dann zur Einschulung häufig mangelhafte Fähigkeiten in grob- oder feinmotorischen Bereichen – je nachdem, was sie lieber vermieden haben. Doch jede Fähigkeit entwickelt sich nur durch Anleitung und Übung. Kinder brauchen Anleitung, benötigen Ideen und das Miteinander bei den Übungen, um alle ihre Qualitäten gut entwickeln zu können.

Neue Motivation durch den Zauberkreis

Wenn dein Kind sich Übungen verweigert, weil es schon so viel Frust angesammelt hat, kann vielleicht folgende kleine Übung helfen. Sie entstammt meinem Buch „Mut und Stärke durch Fantasiereisen".

Der Zauberkreis ist eine Übung, die es deinem Kind ermöglicht, Fähigkeiten, die es in bestimmten Situationen bereits selbstverständlich nutzt, auf andere Situationen zu übertragen, in denen es bisher keinen Zugang zu diesen Fähigkeiten hatte. Positive Gefühle aus Spielsituationen lassen sich auf diesem Weg auch in Situationen übertragen, die bisher mit unschönen Gefühlen behaftet waren.

Blick in die Praxis

Um dies zu verdeutlichen, möchte ich ein Beispiel aus meiner Praxis mit dir teilen. Melanie, 8 Jahre alt, war ein Mädchen, das sich leicht verunsichern ließ. Viele Dinge und Situationen ängstigten sie. In der Schule war sie sehr zurückhaltend und fand nur schwer Freunde. Zu Hause zeigte sie eine ganz andere Seite ihrer Persönlichkeit: Hier konnte sie sehr laut und aggressiv sein, wenn etwas nicht nach ihren Wünschen verlief. Melanie hatte regelmäßig Bauchschmerzen, wenn sie zur Schule ging, ein Problem, das bereits im Kindergarten begonnen hatte. Der Kinderarzt konnte keine organischen Ursachen finden und meinte, sie sei wohl etwas zu sensibel.

Melanies Mutter meldete sie zu der Yogagruppe für Kinder an, die ich damals leitete. Auch hier war Melanie zuerst sehr still. Während der ersten Stunde musste ihre Mutter dabeibleiben. Melanie erlernte spielerisch Übungen, die ihr inneres Gleichgewicht stärkten. Doch das war noch nicht genug. Also lernte Melanie zu zaubern.

Zuerst bat ich Melanie, kleine Bildchen von Orten und Situationen zu zeichnen, in denen sie sich unsicher fühlt und Bauchschmerzen hat. Diese Zeichnungen platzierte sie auf einem Blatt Papier, das sie dann auf den Boden legte. Anschließend zog sie mit einem Wollfaden einen Kreis darum. Diesen bezeichneten wir als den „alten Kreis“.

Auf dieselbe Weise gingen wir vor, als es darum ging, Situationen zu skizzieren, in denen sie sich vollkommen sicher und selbstbewusst fühlt. Den entstehenden Kreis legte Melanie genau neben den anderen. Die Wolle, mit der sie ihn umkreiste, hatte eine andere Farbe, um den visuellen Unterschied zwischen den Kreisen deutlich zu machen.

Anschließend bat ich Melanie, in den zweiten Kreis, den Zauberkreis, hineinzutreten. Sie sollte sich nun in die positiven Situationen versetzen und die Gefühle von Sicherheit, Geborgenheit, Fröhlichkeit und Vertrauen tief in sich spüren. Dabei durfte sie sich auch Situationen ausdenken, die diese Gefühle noch intensivieren würden. Melanie stellte sich vor, sie wäre eine Königin und die Mädchen in der Schule wären ihre Zofen.

Melanie stand nun aufrecht und mit einem Lächeln auf den Lippen im Kreis. Ich bat sie, diese positiven Gefühle wie Samenkörner in ihrer linken Faust zu verschließen und mit einem großen Schritt in den „alten Kreis“ zu treten. Nun sollte sie sich die alten Situationen, aber mit den neuen, positiven Gefühlen vorstellen und ganz am Schluss die Samenkörner im Kreis verstreuen. Ich fragte sie: „Wie fühlt es sich an, wenn du dich in der Schule gut fühlst, sicher und anerkannt? Stell dir das mal vor und bleibe dabei ganz in deinen guten Gefühlen aus dem Zauberkreis.“

So ging sie mit den positiven Gefühlen in ihrer Vorstellung durch alle unangenehmen Situationen und stellte auf diese Weise für das Unterbewusstsein eine positive Verknüpfung her. Ich ließ sie sich neue, positive Ereignisse in den bislang unangenehmen Situationen vorstellen, sodass ihr Unterbewusstsein umlernen konnte. Nachdem sie die Samenkörner der guten Gefühle verstreut hatte, trat sie aus dem Kreis ins „neutrale Land“. Hier schüttelte sie sich kurz aus, um die Gefühlsschleife zu unterbrechen und ich stellte eine belanglose Frage zu ihrem Kaninchen, um ihre Gedanken von den Vorgängen zu lösen. Dann ließ ich sie alles noch zweimal wiederholen.

Den Wollfaden des Zauberkreises nahm Melanie mit nach Hause. Für einige Wochen legte sie ihn jeden Morgen auf dem Boden aus und tankte gute Gefühle für den Tag. Nach drei Monaten waren die Bauchschmerzen verschwunden und Melanie begann, sich mit Mitschülerinnen zu verabreden.

Fantasievoll unterstützen

Kinder lieben Zauberei und sind sehr mit fantasievollen Abenteuern beschäftigt. Daher fällt alles, was sie fantasievoll unterstützt, auf fruchtbaren Boden.

Worauf du beim Zauberkreis achten solltest:

- Dein Kind darf nur vom Zauberkreis aus in den alten Kreis treten, nicht andersherum. Darum ist nach dem alten Kreis das „neutrale Land“ wichtig.

- Unterbrich den körperlichen und geistigen „Anker“ durch belanglose Bemerkungen. Zum Beispiel: „Was macht eigentlich deine Freundin Jule heute?“ (Frage) und Bewegungen (Schütteln oder Zappeln).
- Achte darauf, dass die Körperhaltung und der Gesichtsausdruck ein deutliches Erspüren positiver Gefühle zeigen, bevor dein Kind in den „alten Kreis“ tritt.
- Lass dir und deinem Kind Zeit dabei. Je intensiver die positiven Gefühle aktiviert werden können, desto eher kann eine Veränderung in der belasteten Situation erreicht werden.
- Habt Spaß dabei!

Übrigens – der Zauberkreis hilft auch dir vor unangenehmen Situationen, wie zum Beispiel für Gespräche mit der Schule, deiner Chefin oder vor einem Zahnarztbesuch.

Allgemeine Lerntipps für dein Kind

Die folgenden Lerntipps sind für jedes Alter geeignet. Sie bieten einen Anreiz, über das eigene Lernverhalten nachzudenken und etwas daran zu ändern. Da heutzutage auch von uns Eltern im Beruf Fortbildungen erwartet werden, sollten wir mit unserem eigenen Lernverhalten unseren Kindern ein gutes Beispiel geben.

Gerade Kinder mit einer LRS haben aufgrund negativer Erfahrungen wenig Lust zu lernen. Diese Tipps können euch helfen, gemeinsam etwas daran zu ändern.

Vor dem Lernen

1. Streiche folgenden Satzanfang aus deinem Wortschatz: „Zuerst mache ich noch ...“
2. Wenn dich ein Gedanke ablenkt, schreibe ihn auf oder sprich ihn auf Band. Dann ist der Kopf wieder frei.
3. Wenn die Lust zum Lernen fehlt, erinnere dich an eine Lernsituation, die Spaß gemacht hat. Erinnere dich mit möglichst allen Sinnen. Ist das Gefühl wieder da? Klopfe deine Handkanten abwech-

selnd und spreche bei Hand 1: „Ich hab keine Lust“, bei Hand 2: „Lernen ist so toll wie … (Fußball spielen)“. Wiederhole dies ein paar Minuten. Dann fang an!

4. Sorge für eine ruhige Lernumgebung an einem angenehmen Ort.
5. Plane Pausen ein.

Beim Lernen

1. Nimm dir Zeit. Nichts kann in Eile erlernt werden.
2. Beteilige möglichst viele Sinne. Schreibe auf, lies dir vor, mach dir innere Bilder oder male den Lerninhalt auf Papier.
3. Versuche, den Lernstoff auf eine Erfahrung aus deinem Alltag zu beziehen. Fehlt dir diese Erfahrung, dann hat die Oma vielleicht etwas dazu zu erzählen. So prägt es sich besser ein.
4. Prüfe dein Arbeitsverhalten. Fängst du immer mit dem Schweren an und gibst dann frustriert auf? Erledige erst, was schnell und einfach war. Nach einer Pause konzentrierst du dich auf das schwierige Thema.
5. Entdecke deine Lernkanäle. Kannst du dir besser merken, was du hörst, siehst oder getan (aufgeschrieben) hast? Lerne mit dieser Methode und schlage eine Brücke zu wenigstens einem anderen Kanal (z. B. erst alles gut strukturiert aufschreiben, dann von dem geschriebenen Text oder dem Lerninhalt ein inneres Bild bzw. Film machen).
6. Erkläre jemand anderem, was du gerade gelernt hast. Das Erklären mit eigenen Worten führt zum besseren Verstehen und Behalten.
7. Vermeide Lernhemmungen. Daher immer eine Pause zwischen zwei Themen einlegen und etwas völlig anderes tun. Niemals Ähnliches zusammen lernen.

Nach dem Lernen

Lobe dich und gönn dir etwas! Wer lernt, darf sich selbst belohnen! Jetzt ist genau die richtige Zeit dafür. Lasse dabei in dir ein Gefühl von Stolz auf das, was du geschafft hast, und Freude über dein neues Wissen aufsteigen. Diese positiven Gefühle wirken sich auch positiv darauf aus, wie du das Gelernte reproduzierst (vorträgst, aufschreibst) und wie leicht das nächste Lernen vonstattengeht.

AD(H)S UND LERNSTÖRUNGEN

Wenn Kinder in der Schule durch Unaufmerksamkeiten auffallen, denken Eltern und viele Lehrkräfte zuerst an AD(H)S als Ursache. Dies ist aber längst nicht immer der Fall und eine Lernstörung steckt dahinter.

Leider bemühen sich viele Kinderärzte und -ärztinnen nicht immer um eine genaue Klärung der Symptomatik, denn auch ein Kind mit LRS oder einer Rechenstörung kann entweder mit Unruhe oder aber mit der besonderen Art des „Sich-Zurückziehens" des AD(H)S-Kindes reagieren.

Ganz besonders zu berücksichtigen sind die frühkindlichen Reflexe, deren Symptomatik oft mit AD(H)S verwechselt wird. Um dies näher zu erklären, stelle dir Folgendes vor: Du bist ein Kind, dem es schwerfällt, Buchstaben in der richtigen Reihenfolge wahrzunehmen (nur eines von vielen möglichen Beispielen). Wenn du also mit diesem Problem konfrontiert wirst, entsteht in dir ein „ungutes" Gefühl. Wer mag das schon? Wie kannst du also hier reagieren? Du wirst vielleicht unruhig, stehst auf und machst etwas anderes, oder du ziehst dich in dich selbst zurück. Du hast nur diese beiden Möglichkeiten!

Das Gleiche gilt, wenn z.B. der Moro-Reflex weiter besteht. Diese Kinder passen sich nur schwer in neue Umgebungen oder Situationen ein, da ihnen alles, was ungewohnt ist, Angst macht. Manchmal mag ein Kind seine Angst nicht zeigen und reagiert stattdessen aggressiv. Um stets seine Umgebung im Blick zu behalten, dreht es sich auf seinem Platz hin und her und ist leicht ablenkbar. Es muss die Kontrolle über die Umgebung haben, um schnell reagieren zu können, wenn von irgendwoher Gefahr droht.

Dieses Verhalten tritt ebenfalls bei Kindern mit einem Geburtstrauma auf (Sturzgeburt und andere stressende Faktoren). Auch hier ist die zweite Reaktionsmöglichkeit das Sich-Zurückziehen. Bin ich unsichtbar, sieht mich der Feind nicht.

Was genau ist AD(H)S?

AD(H)S ist die Abkürzung für Aufmerksamkeitsdefizit(hyperaktivitäts)syndrom. Nimmt man dies wörtlich, würde es bedeuten, die Kinder wären nur gering aufmerksam und einige von ihnen (das H in Klammern) wären zudem hyperaktiv. Dies ist jedoch ein fatales Missverständnis. Diese Kinder sind in bestimmten Wahrnehmungsbereichen überaufmerksam. Sie können mehr und oft sehr viel schneller Dinge aus ihrer Umgebung wahrnehmen als andere Kinder.

Besteht ein biochemisches Ungleichgewicht im Gehirn, kann der Filter, der wichtig von unwichtig trennt, nicht richtig funktionieren. Es gelangen alle Eindrücke ins Bewusstsein. Die Folge ist eine permanente Reizüberflutung.

Was geschieht nun, wenn du über eine besonders hohe Aufmerksamkeit verfügst, z. B. im visuellen Bereich? Du siehst jeden Fleck an der Wand, jede Fliege, die vorbeifliegt, und jede Bewegung in deinem Gesichtsfeld. Du hast wieder zwei Möglichkeiten: Du kannst auf *alles* reagieren, dann drehst du deinen Kopf nach jedem neuen Eindruck und springst auf alles an (hyperaktiv), oder aber du versuchst, den Reizen zu entgehen und ziehst dich nach innen zurück. Kinder, die mit Zurückziehen reagieren, nennen wir hypoaktiv. Ihre Probleme werden leider oft übersehen, denn sie fallen nicht so schnell auf wie die Hyperaktiven, die den Unterricht stören. Doch auch sie brauchen ein Ventil zur Verarbeitung der Überreizung. Gerade bei diesen Kindern kommt es oft zu psychosomatischen Erkrankungen. Sie werden stresskrank! Eltern sind dann erstaunt und sagen: „Das verstehe ich nicht. Mein Kind ist doch immer so ruhig."

Konzentrationstraining und Entspannung

Dass gerade den hyperaktiven Kindern die Konzentration schwerfällt, ist verständlich. Ihnen kann das Marburger Konzentrationstraining helfen, die Kontrolle über Denken und Handeln zu erlangen. Gezielte Entspannungsübungen (z. B. mit Fantasiereisen) unterstützen das Kind darin, loszulassen und die Überreizung abzubauen. Da diese Kinder ihre Umwelt eindeutig anders wahrnehmen als ihre Altersgenossen, können davon auch bestimmte Lernfelder betroffen sein.

Mit folgender Gruppenübung kann am eigenen Körper erfahren werden, wie sich AD(H)S-Betroffene bzw. Menschen mit erweiterter Wahrnehmung fühlen:

Teilnehmer A wird von 4 weiteren Teilnehmern der Gruppe umringt. Davon klopft einer rhythmisch auf den Rücken von A, einer steht Hände fuchtelnd vor ihm und redet auf ihn ein, einer zieht an seinem Arm und einer streichelt über seinen Kopf und flüstert ihm dabei Zahlen ins Ohr. Nach wenigen Minuten kann Teilnehmer A diese Reize nicht mehr aushalten. Es zeigen sich Aggression oder völliger Rückzug. In diesem Fall lässt sich Teilnehmer A auf den Boden fallen und rollt sich, Ohren zuhaltend, zusammen. Kommen zusätzlich noch wechselnde Lichtreize hinzu, erfolgt die Reaktion noch schneller.

In unserem Alltag sind wird durch die modernen Medien sehr vielen, schnell wechselnden Reizen ausgesetzt. Kinder mit einer erweiterten Wahrnehmung, egal aufgrund welcher Ursache, werden davon permanent überfordert und gestresst.

Zentral wirksame Gehirnstimulantien pro und kontra

Seit über 30 Jahren wird Kindern mit der Diagnose AD(H)S schnell und unkompliziert ein Medikament (Ritalin, Amphetamin u. Ä.) verordnet. Damit soll das Kind anpassungsfähig gemacht werden und in der Klasse nicht mehr stören. Es soll aufmerksam lernen können und „normal“ sein.

Es wird allgemein davon ausgegangen, dass eine Störung der Neurotransmitter Serotonin, Noradrenalin und Dopamin eine Rolle spielt. Außerdem konnte eine geringere Nervenaktivität in bestimmten Hirnregionen nachgewiesen werden. Die Ursache dafür wurde jedoch nicht eindeutig belegt. Eine geringere Durchblutung in vorderen Hirnabschnitten und Vererbung wird vermutet. Daraus resultiert, hier medikamentös einzugreifen.

Die erste umfassende MTA-Studie (multimodaler Behandlungsansatz) von 1999 ließ den Schluss zu, dass einzig Ritalin für die betroffenen Kinder hilfreich sei. In der Folge wurden Millionen Kinder unter den Einfluss von Ritalin gesetzt, selbst bei leichterer Unruhe, wie ich selbst in meiner Praxis erlebt habe.

Schon in den 1990er Jahren verzehnfachte sich die Produktion von Ritalin. Ein Bombengeschäft für die Pharmaindustrie. Eine Statistik aus den USA zeigt, dass der Umsatz zwischen 2000 und 2004 – nach Veröffentlichung der Studie – von 759 Millionen auf 3,1 Milliarden US-Dollar gestiegen ist.

Im Jahr 2007 wurde eine MTA-Folgestudie veröffentlicht. Die Kinder, welche medikamentös behandelt worden waren, wurden über 3 Jahre beobachtet. Prof. Dr. William Pelham, ein beteiligter Wissenschaftler, erklärte in der TV-Sendung BBC-Panorama 2007, es hätte sich gezeigt, dass die anfänglichen Verbesserungen schnell nachgelassen hätten. Die erst positive Wirkung von Ritalin wäre nach 36 Monaten völlig verschwunden. Er erklärte weiter, dass zentralwirksame Substanzen das Wachstum von Körper und Gehirn hemmen würden. Schon seit 1976 zeigte eine schwedische Studie, dass diese Mittel den Appetit zügeln und die Produktion von Wachstumshormonen stören. Dies konnte 1986 in einer weiteren Studie bestätigt werden.

Kinder im Alter zwischen 11 und 13 Jahren, die an der Studie teilgenommen hatten, würden darüber hinaus eher zu Alkohol und Drogen greifen, so Prof. Dr. Pelham. Hier scheint das Belohnungssystem im Gehirn eine Rolle zu spielen.

Blick in die Praxis

Viele Kinder, die in meine Praxis kommen, bekamen vorschnell die Diagnose AD(H)S. Die Diagnose wird oft einfach nur aufgrund der vorliegenden Symptome gestellt. Worauf diese ursächlich beruhen, wird in vielen Fällen nicht untersucht, Geburtsumstände werden nicht hinterfragt.

Ein Kind war medikamentös so eingestellt, dass es nicht in der Lage war, auf Fragen zu reagieren, und wirkte fast wie eingefroren. Nachdem ich mit den Eltern darüber gesprochen hatte, dass da etwas nicht richtig sein könnte, gingen sie nochmals zum Kinderarzt. Dieser wollte daraufhin die Dosis sogar weiter erhöhen. Die Eltern taten aber das Gegenteil. Sie halbierten die Dosis. Das Kind war wie ausgewechselt. Im Laufe von 6 Monaten reduzierten die Eltern mit Unterstützung einer Neurologin die Dosis weiter und führten täglich das INPP-Bewegungsprogramm zur neurologischen Nachreifung aus. Inzwischen ist das Kind ohne Medikation und hat gelernt, seine Gefühle und Handlungen selbstverantwortlich zu steuern.

In über 15 Jahren Praxiserfahrung habe ich nur ein Kind erlebt, bei dem ich eine Medikation befürwortet habe. Dieses Kind war so extrem reizüberflutet, dass tatsächlich keine andere Wahl blieb.

Mit Bewegung das Gehirn entwickeln

Eine gute Entwicklung deines Kindes geschieht nicht von allein. Damit sein Gehirn an den richtigen Stellen in der korrekten Zeit neuronale Verbindungen und Synapsen produziert, benötigt dein Kind rhythmische Bewegungen. Ohne einen gesunden Muskeltonus wird das nicht funktionieren. Damit sich dieser entwickeln kann, sollte dein Kind viel berührt, geschaukelt, getragen und umarmt werden. Es muss sich frei bewegen können (auf einem Fell am Boden liegend, nicht im „Wipper“).

Die entsprechenden Zentren im Stammhirn können auf diesem Weg den Gleichgewichtssinn ausbilden und den Muskeltonus entwickeln. Findet dies nicht statt, wird auch der Neokortex nicht richtig entwickelt.

Auch das Kleinhirn kann nur wachsen, wenn das Baby viel in Bewegung ist. Besonders rhythmische Bewegungen wie das Schaukeln im Vierfüßlerstand tragen dazu bei, dass sich das Kleinhirn gut entwickelt und neuronale Verbindungen u.a. zum Sprachzentrum im Frontallappen auf der linken Seite gebildet werden. Die Fähigkeit zu Aufmerksamkeit und Sprache hängen zu einem großen Teil davon ab.

Kinder mit Aufmerksamkeitsstörungen sind oft nicht oder nur schwer in der Lage, rhythmische Bewegungen auszuführen oder einen Rhythmus nachzuklatschen.

Erkennst du den Zusammenhang zu AD(H)S und den frühkindlichen Reflexen?

Wer kann AD(H)S richtig erkennen?

Ein Lerntherapeut oder eine Lerntherapeutin ist nicht dafür ausgebildet, AD(H)S zu diagnostizieren. Dies sollte ein kompetenter Kinderarzt bzw. -ärztin anhand einer Elektroenzephalographie (EEG) und ggf. einer Untersuchung des Stoffwechsels genau feststellen. Die frühkindlichen Reflexe gehören ebenso in das Untersuchungsprogramm wie die Möglichkeit eines Geburtstraumas.

Wenn du bei einer Untersuchung dazu nicht befragt wirst, sprich die Ärzte und Ärztinnen selbstständig darauf an. Wird abgewiegelt und ohne weitere Untersuchungen Ritalin verordnet, suche am besten die entsprechenden Fachleute für frühkindliche Reflexe auf, um dir eine zweite oder auch dritte Meinung zu holen.

Ein Lerntherapeut bzw. -therapeutin kann mithilfe von Wahrnehmungstests erkennen, auf welchen Wahrnehmungsebenen dein Kind besondere Unterstützung benötigt. Hier gilt es, auch ein Augenmerk auf die besonders guten Wahrnehmungsleistungen zu werfen, denn diese zeigen an, wo dein Kind ggf. durch seine erhöhte Aufmerksamkeit überlastet sein kann.

Was tun bei AD(H)S?

Im Falle einer AD(H)S-Diagnose sollte die Lerntherapie für dein Kind, wenn möglich, zweimal wöchentlich stattfinden. Eine Stunde dient dabei gezielt der Entspannung und der Konzentration. Denn das Ausschalten störender Reize kann geübt werden. Dafür benötigt der Trainer bzw. die Trainerin Kenntnisse z. B. aus dem Neurolinguistischen Programmieren (NLP) und der Psychosomatik. Alternativ sind der Besuch von Kinderyoga, Marburger Konzentrationstraining oder eine Reittherapie hilfreich. Die andere Unterrichtsstunde befasst sich mit Lernstrategien, Lernwahrnehmung und dem Üben an den Fehlern.

Ist ein Programm dieser Art nicht möglich, finde bitte eine Lerntherapie, in der die Stunde in Wahrnehmungstraining und Übung an den Lernfeldern aufgeteilt wird.

Ist dein Kind unruhig und hat Ängste, traut es sich bestimmte Bewegungen (Treppe steigen, Klettern, Purzelbaum) nicht zu oder hat es darin Schwierigkeiten, dann suche eine Fachkraft für INPP oder RIT auf.

Zu Hause solltest du Reizüberflutung vermeiden. Schlicht eingerichtete Zimmer, kein Radio oder Fernsehen nebenbei (beides nur ganz gezielt und zeitlich stark eingeschränkt) und auf keinen Fall ein TV-Gerät zur freien Verfügung im Kinderzimmer sind wichtige Grundlagen.

Allerdings kann bei Kindern, die sich von Geräuschen leicht ablenken lassen, das Hören sanfter Musik über Kopfhörer bei den Hausaufgaben die Aufmerksamkeit unterstützen, da keine weiteren Geräusche durch die Kopfhörer ans Ohr dringen.

Dafür eignet sich beispielsweise die Musik von Marvin Alberg. Sie ist kombiniert mit Frequenzen, die sich positiv auf das Gehirn auswirken. Du findest diese Musik unter dem Produktnamen „Neowake“ unter www.neowake.de und auf YouTube.

Schaffe ein entspanntes Zuhause

Visuell reizbare Kinder sollten keine Bilder an den Wänden ihres Zimmers haben und der Schreibtisch sollte bis auf das gerade benötigte Material abgeräumt sein. Einzig Waldposter und ähnliche Naturbilder können empfohlen werden. Diese reduzieren nachweislich Stressgefühle. Einfarbige Ordnungskartons sorgen auch bei den Spielsachen für optische Ruhe.

Halte regelmäßige Strukturen in eurem Tagesablauf ein. Das gibt deinem Kind einen sicheren Orientierungsrahmen. Ein sich gleichmäßig wiederholender Tagesablauf unterstützt das Gefühl, sicher zu sein.

Lobe dein Kind für sogenanntes erwünschtes Verhalten und schimpfe weniger. Durch Aufmerksamkeit egal welcher Art verstärkst du jedes Verhalten. Schimpfen ist eine Aufmerksamkeit, die das unerwünschte Verhalten verstärken kann. Je nach Alter deines Kindes sind Erklärungen mit Beispielen für ein positives Verhalten hilfreich. Auch die Frage „Was fühlst du gerade?“ kann nützlich sein, um das Verhalten deines Kindes richtig einzuordnen.

Gib deinem Kind eine feste Aufgabe im Haushalt, die seinem Alter entspricht, und lobe es für die Durchführung. Da dein Kind in der Schule viele negative Erfahrungen macht, sind positive Erlebnisse zu Hause wichtig, um sein Selbstwertgefühl zu stärken.

Die richtige Ernährung für dein Kind

Es ist äußerst wichtig, auf die Ernährung zu achten, da sich bestimmte Stoffe negativ auf dein Kind auswirken können. Der Körper scheint durch intensivere Aktivitäten versuchen zu wollen, diese Stoffe schneller aus dem Körper auszuscheiden. Hierbei handelt es sich oft um Schokolade, kohlensäure- und zuckerhaltige Getränke sowie Weißmehl.

Bitte beachte: Ein Medikament wie Ritalin und Ähnliches kann notwendig sein, um dein Kind überhaupt in die Lage zu versetzen, sich zu konzentrieren (insbesondere bei schweren Fällen). Es sollte jedoch nicht allein dazu dienen, Lehrkräften das Leben zu erleichtern, indem Kinder einfach ruhiggestellt werden. Prüfe daher genau, aus welchen Gründen dir ein Medikament für dein Kind empfohlen wird.

Als Heilpraktikerin habe ich auch mit alternativen Heilmethoden gute Erfahrungen gemacht: Ich persönlich schätze die Homöopathie aufgrund eigener Erfahrungen und sehe sie als unterstützende alternative Heilmethode. Es kann eine Weile dauern, bis das passende Mittel gefunden wird, aber ein Versuch lohnt sich auf jeden Fall. Bachblütenmischungen können ebenfalls eine unterstützende Wirkung für dein Kind haben.

EIN WORT ZUM SCHLUSS

Ich hoffe, ich konnte dir mit meinem Buch weiterhelfen und offene Fragen klären. Die wichtigste Botschaft an dich ist: Liebe dein Kind so wie es ist und zeige es ihm!

Deine

ANHANG

Die Kosten der Förderung

Die Kosten für eine Lerntherapiestunde variieren je nach Region und liegen in der Regel zwischen 45 und 65 Euro pro Stunde. Alternativ bieten einige Therapeuten und Therapeutinnen monatliche Zahlungspläne an, die etwa zwischen 150 und 180 Euro liegen. Für viele Familien stellt dies eine finanzielle Herausforderung dar. Es ist jedoch wichtig zu bedenken, dass der Lerntherapeut bzw. die Lerntherapeutin nicht nur die Zeit mit dem Kind verbringt, sondern auch außerhalb dieser Stunden Material vorbereitet, selbst erstellt und zusätzliche Kosten wie Raumkosten, Steuern und Versicherungen trägt. Daher bleibt nicht viel übrig, was erklärt, warum viele Therapeuten und Therapeutinnen in Kleingruppen arbeiten.

Die Beantragung von Fördergeldern gestaltet sich je nach Bundesland teilweise als ausgesprochen schwierig. Die Erlasse der Bundesländer variieren erheblich. Einige Bundesländer gewähren den betroffenen Kindern Notenschutz und bieten Förderkonzepte, andere erklären nur das Vorhandensein der Problematik und überlassen alles andere den Schulen bzw. Eltern. Über die genauen Wortlaute der Erlasse kannst du dich im Internet auf der Website des jeweiligen Bildungsministeriums deines Bundeslandes informieren oder die Schulleitung deines Kindes fragen.

Die Krankenkassen übernehmen nur selten Fördermaßnahmen bei LRS. Der Kinderarzt bzw. die Kinderärztin kann aber Logopädie oder Ergotherapie zum Training der Teilleistungen verordnen. Doch auch hier liegt es im Ermessen der Kasse, ob und in welcher Höhe die Fördermaßnahme übernommen wird.

Durch ein ärztliches Gutachten kann gegebenenfalls die Gefahr einer drohenden seelischen Behinderung nachgewiesen werden. Diese liegt vor, wenn dem Kind durch die Lernstörung die Teilnahme an einem normalen Leben durch einen Mangel an den Kulturfähigkeiten Lesen, Schreiben und Rechnen nicht möglich ist. In einem solchen Fall ist eine Förderung durch die amtliche Jugendhilfe nach § 35a des Bundessozialhilfegesetzes möglich. Dein örtliches Jugendamt wird dich dazu beraten. Gelegentlich wird die Hilfe auch im Rahmen von Erziehungshilfen nach § 27 des Kinder- und Jugendhilfegesetzes (KJHG) gewährt. Bei Kindern mit diagnostizierter ADS/ADHS und schwerer Lernstörung kann es sich lohnen, einen Pflegegrad und Pflegegeld zu beantragen.

Wichtige Adressen

Zahlenland Prof. Preiß
Erzgebirgstraße 32
65520 Bad Camberg
https://zahlenland.info/

Zentrum zur Therapie der Rechenschwäche
Dr. Jörg Kwapis
Hebbelstraße 12
14469 Potsdam
www.ztr-rechenschwaeche.de

DI Lerntherapie GmbH
Alexanderstraße 9
10178 Berlin
https://www.duden-institute.de/

Bei AD(H)S, Asperger Syndrome und Hochbegabung:
Tokol e.V.
Am Sonnenhang 1
35321 Laubach
www.tokol.de

Dachverband Legasthenie Deutschland e. V.
German Dyslexia Association
Fliederstraße 5
83374 Traunwalchen
https://www.legasthenieverband.org/

Bundesverband Legasthenie und Dyskalkulie e. V.
Alemannenstraße 5
53175 Bonn
www.bvl-legasthenie.de

Legasthenie-Erlasse der Bundesländer findest du im Internet über das Bildungsministerium deines Bundeslandes.

Internet

Kostenloser Schulreifetest:
https://www.schlaudino.com/schulreifetest/

Test und Fördermaterial der Universität Münster:
https://www.lernserver.de/

Lernspiele zum Bestellen, die ich sehr empfehlen kann:
www.lernspielkiste.de

Hinweise und Links zum Stolperwörter-Lesetest von Wilfried Metze:
https://www.biss-sprachbildung.de/btools/stolperwoerter-lesetest/

Materialien für den Grundschul- und Förderunterricht von der Pädagogin Susanne Schäfer: www.zaubereinmaleins.de

Infos zur richtigen Unterrichtsgestaltung und Elternaufklärung:
www.grundschulservice.de

Mathe-Übungen für alle Altersstufen, Kopfrechnen, logisches Denken: www.rechenraetsel.de

Informationen zu Rechenschwäche und Dyskalkulie in Österreich. Interessantes Magazin zum Download, Tipps zur Förderung und für den Unterricht: www.rechenschwaeche.at

ifbq – Institut für Bildungsmonitoring und Qualitätsentwicklung:
https://www.schulenfoerdern.de/schulportal/index.php?page=25

Informationen zu NLP. Ich kann nur jeder Lehrkraft empfehlen, ein Praktitioner-Seminar zu besuchen:
https://www.lehrerseite.com/2018/11/25/nlp-fuer-lehrer/

Lerntherapeuten finden

Über die Verbände in Deutschland, Österreich und der Schweiz findest du Therapeuten und Therapeutinnen in deiner Nähe:
https://www.verband-inpp.ch/
https://www.inpp.de/
https://www.inpp.de/adressen/
https://inpp.info/

Auch über diese Websites findest du eine geeignete Lerntherapie für dein Kind:
https://www.kreiselhh.de/
https://www.legasthenietrainer.com/
https://www.duden-institute.de/Standorte/6906_Standortsuche.htm
https://www.ztr-rechenschwaeche.de/standorte/

Lesetipps

Born, Armin; Oehler, Claudia: Kinder mit Rechenschwäche erfolgreich fördern: Ein Praxishandbuch für Eltern, Lehrer und Therapeuten, Kohlhammer Verlag; Stuttgart, 2., überarbeitete und erweiterte Auflage, 2008

Christiansen, Andrea: Mut und Stärke durch Fantasiereisen: Mit dem Zauberbären mehr Selbstvertrauen für Kinder, Urania Verlag, Freiburg, 2008

Körndl, Max; Patho, Klaus; Lindenberg, Dorothea: Bingo. Förderspiele bei Rechenschwäche. 3./4. Klasse: Im Zahlenraum bis 1000 / Grundrechenarten, Ensslin im Arena Verlag, 2005

Schulte-Körne, Gerd; Mathwig, Frank: Das Marburger Rechtschreibtraining, Winkler Verlag, Bochum 2007

Schulte-Körne, Gerd: Legasthenie und Dyskalkulie, Winkler Verlag, Bochum 2007

Weida, Simone: Rechenschwäche – der Kampf mit den Zahlen. Hilfe bei Dyskalkulie, Cornelsen Verlag Scriptor, 2004

Weitere Fördermaterialien findest du auch im Verlag Duden Patec und im Cornelsen Verlag sowie im Auer Verlag, erhältlich im Buchhandel bzw. über das Internet.

Buchempfehlungen zu frühkindlichen Reflexen

Blomberg, Dr. Harald: Bewegungen, die heilen, Verlag VAK

Goddard Blythe, Sally: Greifen und Begreifen, Verlag VAK

Quellen

Internet

https://www.sueddeutsche.de/gesundheit/sprachentwicklung-babys-lesen-von-den-lippen-1.1260677

Spracherwerb: Babygehirn gibt die Reihenfolge vor | MDR.DE

https://www.news4teachers.de/2018/03/warum-die-leistungen-der-schueler-schlechter-werden-die-muetter-fallen-als-hilfstruppe-aus/

Quelle Sprachentwicklung in den ersten 3 Lebensjahren: Prof. Christoph Herrmann/Dr. Dipl. Psychologe Christian Fiebach: Gehirn & Sprache, Frankfurt am Main 2004)

https://www.news4teachers.de/2022/12/der-ganztag-verbessert-soziale-faehigkeiten-von-grundschuelern-deren-noten-aber-nicht/

https://www.sueddeutsche.de/politik/eltern-muetter-corona-krise-kinderbetreuung-homeschooling-1.5064890

https://www.skvshop.de/shop/images/files/editor/file/downloads/1167.pdf

https://www.lmu-klinikum.de/kinder-und-jugendpsychiatrie/forschung/info-legasthenie/haufige-fragen/elternratgeber/marburger-rechtschreibtraining/fffbb5bdf586f357

https://www.news4teachers.de/2023/02/experiment-zeigt-feed-back-mechanismen-im-gehirn-funktionieren-auch-ohne-belohnung/

https://marjorie-wiki.de/wiki/Debatten_zur_Diskrepanzdefinition

Literatur

Aarskog, D.; Fevang, F.; Klöve, H.; Horsten, T.: The effect of stimulant drugs, dextroamphetamine and methylphenidate on secretion of growth hormone in hyperactive children – Journal of Pediatrics, 90, S. 136–139

Blackerby, Don: Rediscover the joy of Learning

Blomberg, Dr. Harald: Bewegungen, die heilen, VAK

Breggin, Dr. Peter: Talking back to Ritalin, Da Capo Press; REV Edition (27. August 2001)

Bridges, Andrew: Associated Press, 060104

Buchner, Christina: So lernen alle Kinder rechnen

Goddarth-Blythe, Sally: Greifen und Begreifen, VAK

Studie 1986: Corticals Atrophy in young adults with history of hyperactivity in childhood – Psychiatry Research 17, S. 241–246

Was Grundschulkinder und ihre Eltern brauchen

- Ratgeber mit den Top-Themen aus Familienberatungen: Angst vor der Schule, Ärger mit Gleichaltrigen, Rückmeldungen der Lehrkräfte, Konflikte wegen Hausaufgaben, Medienzeiten und verändertes Miteinander
- Für eine gesunde Entwicklung und starke Bindung – mit leicht umsetzbaren Tipps
- Für Eltern von 5–10-jährigen Kindern

Stand 2024. Änderungen vorbehalten.

Inke Hummel

Miteinander durch die Grundschulzeit

224 Seiten
14,5 x 21,0 cm, Softcover
ISBN 978-3-8426-1717-9
€ 22,00 [D] · € 22,70 [A]

Der Ratgeber ist auch als eBook erhältlich.

humboldt
...bringt es auf den Punkt.

Bibliografische Information der Deutschen Nationalbibliothek
Die Deutsche Nationalbibliothek verzeichnet diese Publikation in der deutschen Nationalbibliografie; detaillierte bibliografische Daten sind im Internet über https://dnb.de abrufbar.

ISBN 978-3-8426-1750-6 (Print)
ISBN 978-3-8426-1751-3 (PDF)
ISBN 978-3-8426-1752-0 (EPUB)

Bildnachweis:
PER MEDIEN & MARKETING GmbH: 40, 45 oben
Andrea Christiansen: 45 unten, 176, 185, 186
stock.adobe.com: 47 oben: saifur rahaman; 47 unten: mayrum; 149: ZoneCreative; 164: Leinemeister; 165: haris
Schlütersche Fachmedien GmbH: 110
Die Schriften auf S. 138 wurden vom Verlag handschriftlich erstellt, mit freundlicher Genehmigung nach Vorlagen der Schriftarten vom Worksheetcrafter sowie für die Schrift Prima von Titus Nemeth, Wiener Schriften.at.

Originalausgabe

Die Ratgebermarke der Schlütersche Fachmedien GmbH
Hans-Böckler-Allee 7, 30173 Hannover
www.humboldt.de
www.schluetersche.de

Aus Gründen der besseren Lesbarkeit wurde in diesem Buch teilweise die männliche Form gewählt, nichtsdestoweniger beziehen sich Personenbezeichnungen gleichermaßen auf Angehörige des männlichen und weiblichen Geschlechts sowie auf Menschen, die sich keinem Geschlecht zugehörig fühlen.
Autorin und Verlag haben dieses Buch sorgfältig erstellt und geprüft. Für eventuelle Fehler kann dennoch keine Gewähr übernommen werden. Weder Autorin noch Verlag können für eventuelle Nachteile oder Schäden, die aus in diesem Buch vorgestellten Erfahrungen, Meinungen, Studien, Therapien, Medikamenten, Methoden und praktischen Hinweisen resultieren, eine Haftung übernehmen. Insgesamt bieten alle vorgestellten Inhalte und Anregungen keinen Ersatz für eine professionelle Beratung, Betreuung und Behandlung.

Lektorat: Petra Nitsche, Bremen
Covergestaltung: ZERO, München
Covermotiv: stock.adobe.com / Irina Schmidt; shutterstock / Kwitka, COME 2 US
Foto Umschlagrückseite: Privat
Satz: PER MEDIEN & MARKETING GmbH, Braunschweig
Druck und Bindung: gutenberg beuys feindruckerei GmbH, Langenhagen